U0656226

协同创新视域下企业技术创新主体地位研究

赵　彤　著

东南大学出版社
SOUTHEAST UNIVERSITY PRESS

·南京·

图书在版编目(CIP)数据

协同创新视域下企业技术创新主体地位研究 / 赵
彤著. —南京:东南大学出版社,2015.12
　ISBN 978-7-5641-6239-9

　Ⅰ. ①协… Ⅱ. ①赵… Ⅲ. ①企业管理-技术革
新-研究-南京市 Ⅳ. ①F279.275.31

中国版本图书馆 CIP 数据核字(2015)第 316163 号

协同创新视域下企业技术创新主体地位研究

出版发行	东南大学出版社
出 版 人	江建中
社　　址	南京市四牌楼 2 号(邮编:210096)
网　　址	http://www.seupress.com
责任编辑	孙松茜(E-mail:ssq19972002@aliyun.com)
经　　销	全国各地新华书店
印　　刷	江苏凤凰数码印务有限公司
开　　本	700mm×1000mm　1/16
印　　张	11.5
字　　数	232 千字
版　　次	2015 年 12 月第 1 版
印　　次	2015 年 12 月第 1 次印刷
书　　号	ISBN 978-7-5641-6239-9
定　　价	39.80 元

(本社图书若有印装质量问题,请直接与营销部联系。电话:025-83791830)

目　录

第一章 导 论

第一节 研究背景与意义

本章介绍了本书的研究背景、目的与意义,简单概括了本书的研究内容、研究思路与研究方法,以期读者对本书有一个基本的了解,以便进一步的阅读。

一、研究背景

在知识经济时代,"技术创新是经济增长的最关键动力"[①]已成为共识。因此,世界各国各地区都十分重视研究与试验发展(简称 R&D)投入。2013 年全球 R&D 投入经费约为 13 958 亿美元,总体上保持平稳增长趋势。2013 年我国 R&D 经费总量为 11 846.6 亿元,按当年平均汇率折算为 1 912 亿美元,已超过日本(约 1 709 亿美元),跃升为全球第二大 R&D 经费国家。文献研究表明,企业是新技术的采用主体、研发主体、投资主体(洪银兴,2012)[②]。从我国 R&D 经费的资金来源构成看,企业 R&D 经费投入逐年增加,至 2013 年,我国 R&D 经费中企业投入的资金为 8 838 亿元,占 R&D 经费比例由 2010 年的 71.69% 上升到 2014 年的 74.6%。企业在建设创新型国家中发挥着越来越重要的作用,企业技术创新的主体地位进一步增强(见表 1-1)。但是与美国等发达国家相比,我国企业的 R&D 经费投入强度仍有一定差距。在许多情况下,一个产业或企业没有进行技术创新活动,并不是因为没有能力、条件或机会,而是因为动力不足(Carter,1981;傅家骥,2000)[③]。并且,技术创新动力不仅仅是单一要素的简单作用,而是诸多要素有

---

① F. M. 谢勒. 技术创新:经济增长的原动力[M]. 姚贤涛,王倩,译. 北京:新华出版社,2001.
② 洪银兴. 科技创新中企业家及其创新行为[J]. 中国工业经济,2012(6):83-93.
③ Carter C. Reasons for not Innovating London : Heinemann Publishing House,1981;傅家骥. 技术创新学[M]. 北京:清华大学出版社,1999:16.

序协同、联合作用的产物(李恒和乔伟杰,2012;向刚和汪应洛,2004)①。日本政府早在 20 世纪 60 年代初就开始通过相关法律和政策,鼓励和引导大学、研究机构和产业界合作,推进产学官协作的发展;进入 90 年代后,日本政府积极推进产学研一体化进程,把高校、科研院所和企业的科研力量,通过多种方式,有机合作,进行实用技术攻关。纽约州立大学的亨利·埃兹科维茨(Henry·Etzkowitz)和阿姆斯特丹科技发展学院的劳德斯特夫(Leydesdorff)教授在 1995 年提出了"大学、产业、政府"三重螺旋创新模型,指出在以知识为基础的社会中,大学—产业—政府三者之间的相互作用是改善创新条件的关键。美国硅谷的实践则创造了产学研协同创新的模式。依托斯坦福大学强大的科研实力和学校对产学研合作的鼎力支持,硅谷建立了高校、科研机构和企业的紧密协同创新关系,成就了硅谷的创新奇迹。

表 1-1　中国 R&D 经费的资金来源构成(2010—2013 年)　　　单位:%

年份	政府资金	企业资金	国外资金	其他资金
2010	24.02	71.69	1.3	2.99
2011	21.68	73.91	1.34	3.08
2012	21.57	74.04	0.97	3.41
2013	21.11	74.6	0.89	3.40

数据来源:科技部网站 http://www.most.gov.cn

《中共中央、国务院关于深化科技体制改革加快国家创新体系建设的意见》(中发〔2012〕6 号)中对我国当前技术创新体系的表述为"建立企业为主体、市场为导向、产学研用紧密结合的技术创新体系",并提出"充分发挥企业在技术创新决策、研发投入、科研组织和成果转化中的主体作用。"2013 年 11 月 12 日,中国共产党第十八届中央委员会第三次全体会议通过的《全面深化改革若干重大问题的决定》中明确提出:"建立产学研协同创新机制,强化企业在技术创新中的主体地位,发挥大型企业创新骨干作用,激发中小企业创新活力,推进应用型技术研发机构市场化、企业化改革,建设国家创新体系。"由此可见,建立产学研协同创新机制,充分发挥企业技术创新的主体作用,是我国当前在新的经济形势下必须认真思考和解决的问题。

南京市于 2009 年被科技部正式确定为全国唯一的科技体制改革试点城市,被工信部列为首个中国软件名城创建试点城市;2010 年又被科技部列为首批国家创

---

① 李恒,乔伟杰.基于价值管理中的企业创新系统构建[J].中国软科学,2012(12):62-65;向刚,汪应洛.企业持续创新动力机制研究[J].科研管理,2004(6):108-114.

新型试点城市,被国家发改委列为国家创新型试点城市。"十二五"以来,南京科技发展取得了显著成效,科技的支撑引领作用快速增强。2011年,全市高新技术产业实现产值4 861亿元,同比增长18.6%;科技服务业实现总收入178亿元,同比增长63.3%,全年全市专利申请总量达28 043件,同比增长45.49%,其中发明专利11 597件,同比增长55.45%;专利授权总量12 404件,同比增长35.56%,其中发明专利授权3 452件,同比增长38.8%。在2011年度国家科技部进行的全国科技进步考核中,南京市荣获"全国科技进步先进市"称号;在《经济日报》社主办的2011中国自主创新年会上,南京入选中国十大创新型城市。2012年,南京出台鼓励技术创新创业"20条"、"1+8"系列政策、"科技九条"等,推进"紫金科技创业特别社区"、软件谷、麒麟生态科技园、模范马路创新街区等载体建设;实施"紫金人才"和"321人才"计划,入选国家"千人计划"人才116名。"十二五"期间,南京市集聚科技人才,打造创新载体,科技创新能力不断增强。一是人才集聚显成效。2014年南京市拥有各类专业技术人员117.68万人,比上年增长11.7%,新增国家"千人计划"人才42人,累计达185人,其中创业类人才24人。新增省"双创计划"人才46人,累计达251人。集聚"321计划"人才1 381名。二是加快创新载体建设。加快推进20个紫金科技人才创业特别社区建设,累计建成载体面积601万平方米,其中当年新增201万平方米。搭建公共服务平台64个。共有省、市级企业院士工作站62家。全年共引进世界500强和中国500强企业研发机构22家,累计达到80家。共有各级工程技术研究中心600家,其中国家级17家、省级309家、市级274家;省级以上公共技术服务平台116家,其中国家级3家;省级以上重点实验室80个,其中国家25个。国家认定企业技术中心11家。三是科技创新成果不断涌现。2014年,全年完成专利申请量56 108件,其中发明专利申请28 050件,分别比上年增长1.8%和24.8%;完成专利授权量22 844件,其中发明专利授权量5 265件,分别增长17.2%和11.3%。全年企业发明专利申请量9 761件,企业发明专利授权量1 757件,分别增长29.6%和24.0%。全年共签订各类技术合同16 866项,技术合同成交总额180.14亿元,增长6.1%。

南京市狠抓创新创业主体培育,企业技术创新主体地位有了较大改善。一是实施高新技术企业上市推进、高新技术企业和技术先进型企业创建、高新技术企业自主创新产品培育等专项工作计划,促进各类创新要素向创新型企业集聚,全面提升企业的自主创新能力与核心竞争力,增强企业自主研发能力。二是支持重点中小型科技企业发展,围绕新兴产业发展,梳理出一批具有爆发式成长潜力的中小科技企业,以提升其创新能力和成功上市为目标给予重点扶持和滚动支持,以促进其快速成长。例如新联电子、中电环保、天泽信息等科技型企业,先后在主板和创业板上市。三是组织实施千企升级计划,对列入计划的 1 057 家企业明确了 3 年每家企业升级的目标、路径和重点,对于销售收入首次突破 500 亿元、100 亿元、50 亿元的企业,分别给予 100 万元、50 万元和 30 万元奖励。

但南京在科技自身发展上,特别是强化企业技术创新主体地位方面还面临着以下问题:

第一,有效的研发投入不足。2012 年,南京市研发经费占 GDP 的比例达到3.3%,是全国比例最高的城市之一,但是南京的企业界研发投入只占一半左右,而深圳 90% 以上的研发投入是由企业贡献的。又据江苏省内的统计,苏州 88.6% 的研发机构建在企业,无锡的 91.0% 研发机构建在企业,而南京只有 43.5%。第二,科技成果转化水平不高。2011 年,南京市专利申请总量达 28 043 件,同比增长45.5%,其中发明专利 11 597 件,同比增长 55.4%。发明专利申请总量居全国同类城市第三位。通过 PCT 渠道申请国外专利 146 件,同比增长 143.6%。南京市授权发明专利 3 452 件,同比增长 38.8%,发明专利授权量继续位居全省第一、全国同类城市第三位。2011 年,南京市有效专利总量为 10 198 件,万人发明专利拥有量 12.7 件,继北京、深圳、上海、杭州之后排名第五位。但是,南京科技成果转化率不高。统计调查显示,南京高校的科研成果只有 10% 有可能应用转化,高校承担的国内科研课题中也只有 20% 直接面向市场应用,在南京地区高校中有 70% 左右的职务发明专利在"沉睡"。这与高校科研院所的研发投入占比高达 40% 的情况相比,形成巨大反差。第三,创业型的人才数量较少。南京高层次创新创业人才引进主要涉及两类人才:一类自主创业人才,即符合支持重点,以带技术、带项目、带资金的形式来宁投资创(领)办科技型企业的高层次人才;另一类是企业引进人才,指南京各类规模以上科技型企业引进的,符合支持重点、掌握关键技术的高层次研究开发和管理人才。南京人才中,能把科技成果转化为现实生产力的人才较少。一方面,南京企业研发人员比重低,据统计,苏州 86.1% 的研发人员在企业,无锡 95.5% 的研发人员在企业,而南京只有 48.6% 研发人员在企业;另一方面,南京创业人才数量少,2011 年南京市有国家"千人计划"55 人,居全国第三、江苏第一,但创业人才仅 6 人,加上省"双创人才"9 人,也只有 15 人,而苏州 50 人中 80%

是创业人才。第四,大中型企业研发机构覆盖率有待进一步提高。企业研发机构是企业创新的源泉,是企业竞争力的核心。2011年,南京大中型企业研发机构覆盖率是74%,而苏州市大中型企业研发机构覆盖率达76.7%,其中大中型内资企业研发机构覆盖率超过90%。同时,南京还缺乏国际和国内高端研发机构驻扎,拔尖人才培养还不能与国际接轨,拔尖人才的培养还不能与国际竞争。第五,科技创业人才使用环境有待进一步优化。南京技术创新创业方面人才还存在"出不来、用不上、留不住"的情况。"出不来",就是大量的科技人才局限在高校和科研院所里,创新创业的愿望和能量因种种限制而不能充分释放。"用不上",就是搞理论、做学问的研究型人才多,应用型、创业型的实用人才少;拥有一流学术论文的专家多,拥有一流应用成果的少。"留不住",就是不少南京培养的人才没有为南京所用,一些高校、科研机构的技术骨干,在南京市内不能显山露水,结果到其他地方创业却非常成功。第六,以金融服务为代表的技术创新服务环境需要进一步优化。南京亟须完善与实施科技创业投融资体系建设计划,通过政府引导、市场主导,建立健全覆盖科技企业初创期、成长期、成熟期等各阶段的多元化投融资服务体系。第七,科技公共服务水平需要进一步改善。南京科技创业载体数量众多,但在提升环境品质、优化服务设施、提高公共服务水平等方面,与波士顿、北京等国内外先进城市相比还有较大的差距。

　　未来,南京市要想在转变经济发展方式上取得新的重大突破,要想在新一轮的城市竞争中赢得新的显著优势,必须充分发挥南京市突出的科教资源优势,必须加强自主创新和加速建设创新型城市。南京的第一资源是科技资源,但南京丰富的科教人才资源一直没能真正转化为推动发展的现实生产力,根本原因是科教与人才资源的转化不充分,科技发展中始终存在着深层次、结构性的矛盾。而科研成果只有通过创业、通过企业进而变成产业,才能转化为现实生产力。为了打破旧有的体制对技术创新主观能动性和积极性的限制,使得科技资源的助推功能得到应有的体现,南京市委市政府提出《加快实施企业为主体市场为导向产学研相结合技术创新体系建设的实施意见》。南京市科技工作会议指出,要"强化企业技术创新主体的地位,提升企业自主创新能力"。

二、研究意义

1. 理论意义

我国经济发展方式转变的一个重要内容是转向创新驱动的经济增长。近几年来,我国经济最为发达的地区尤其是长三角地区,加速发展创新型经济,但在创新型经济的实践中,不同地区不同企业技术创新能力和技术创新意愿却存在很大差别,相应地技术创新效果的差别也很大。为什么不同企业技术创新意愿和技术创新的效率会不同? 产生这种差别的主要影响因素是什么? 如何推动企业真正成为技术创新主体? 回答这些问题,需要我们对创新的涵义、企业创新行为、企业技术创新主体地位进行理论思考。最早在经济上使用创新概念的是熊彼特。他认为,所谓创新指的是生产要素的新组合,包括五个方面:① 采用一种新的产品;② 采用一种新的生产方法;③ 开辟一个新的市场;④ 掠取或控制原材料或半制成品的一种新的供应来源;⑤ 实现任何一种工业的新的组织。据此定义,企业是技术创新的研发主体、投资主体和采用主体。自 20 世纪后期以来,科学上的重大发现转化为现实生产力的时间越来越缩短,这意味着现在的技术进步源泉更多地直接来源于科学发明。弗里曼在解释创新概念时,把熊彼特的创新的内涵进一步概括为新发明、新产品、新工艺、新方法或新制度,并第一次运用到经济中去的尝试,这就产生了以科学发现为先导的技术创新路线。在此技术创新路线中,技术创新不只是停留在采用新技术环节,而是延伸到了科学新发现孵化为新技术的环节。企业的创新活动出现新趋势——企业不只是新技术的研发主体、投资主体和采用主体,还会主动参与到产学研合作创新的体系中。这是因为一方面,企业虽然是技术创新的主体,但受制于自身的自主创新能力并不强,难以发挥出主体作用,只有在与大学及科研机构的合作创新中才能提高创新能力,从而成为真正的创新主体;另一方面,由于创新活动的存在较高的风险性和公共产品特性,企业不可能自动成为技术创新主体,科技创新需要政产学研各个主体协同作用。因此,探寻协同创新中技术创新主体企业化的实现路径与机制是本研究的理论意义所在。

2. 实践意义

2012 年 11 月 1 日,南京市出台了《中共南京市委南京市人民政府关于加快企业为主体市场为导向产学研相结合技术创新体系建设的实施意见》(宁委发〔2012〕63 号),提出"充分发挥市场资源配置功能,进一步加强'政产学研金介'的协同,努力破除影响科技创业创新的体制机制障碍,推动政策、人才、平台向企业倾斜,大力提升企业技术创新的自觉性和能动性,推动企业成为技术创新主体"。

本项目研究对于贯彻和落实党和国家关于深化体制改革,加快国家创新体系建设战略,特别是结合南京创新经济发展和产业结构调整的具体实际情况,围绕南京创新驱动核心战略,为聚焦"四个第一"服务,为决策者科学制定和完善未来一个阶段相关政策提供决策参考依据等,具有重要的现实意义。

第二节 研究思路与方法

一、研究思路

本书研究技术路线图如图 1-1 所示。

二、研究方法

1. 文献研究法

通过对国内外现有研究文献的梳理,首先了解研究现状,以便在此基础上进一步进行研究;其次,利用现有的研究证据说明某一方面的问题,比如在研究技术创新主体企业化的影响因素实证证据方面,我们侧重于主要因素研究,不可能对每一个可能的影响因素进行实证研究,而现有的文献证据可以为我们提供一些政策研究的依据;第三,国外典型经验的研究方面,现有的研究资料是我们经验借鉴的主要来源。

2. 规范研究

规范研究是与实证研究相对应的概念,回答事物"应该是什么"的"应然"问题,它侧重于定性分析,其核心是建立评价标准,给出"应该是什么"的价值判断。比如我们通过规范研究,借用系统论有关原理,分析影响技术创新主体企业化的外部内部因素,为政策研究提供理论基础和评判标准,从而进行相关政策研究。

3. 实证研究

实证研究回答事物"是什么"或"究竟是什么"的问题,通过具体数据揭示经济业务之间的因果关系。本书的实证研究主要从两个方面开展,即对影响南京企业技术创新因素的定量分析和对南京技术创新主体企业化评价的定量分析。所进行的实证研究一方面采用数据描述的方法,另一方面采用现有研究成果进行佐证。

4. 比较研究

在研究过程中,我们还采取了比较研究法。在理论分析的基础上,我们对比与借鉴了世界部分科技强国的经验,主要包括美国、欧盟、日本、韩国,它们也是美洲、欧洲和亚洲的代表。除此之外,我们还选取了国内一些代表性的城市作为研究对象,学习借鉴它们的先进做法,具体城市包括上海、北京和深圳。

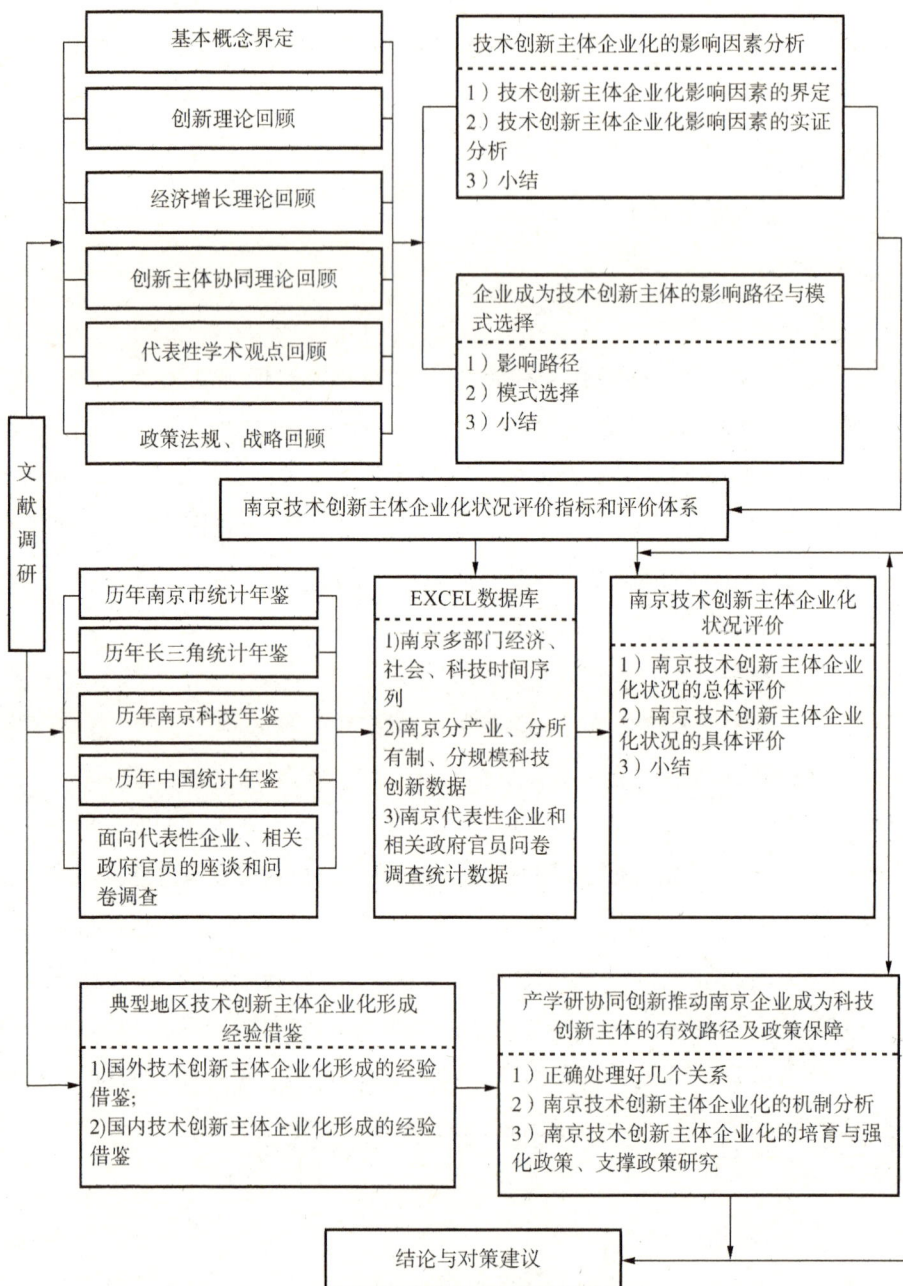

图1-1 技术路线图

5. 实地调查法

通过实地调查,主要了解产学研视域下影响企业成为技术创新主体的因素以及现有的技术创新主体企业化的模式。我们的实地调查主要是两个方面:一是设计问卷调查表,通过科技管理部门发放调查表,对产学研协同创新对推动南京市大中型企业成为技术技术创新主体的现状、影响因素及模式进行调查;二是实地走访了南京的"2011 协同创新中心"、大学科技园区和高新技术开发区。调查的情况并不是形成完整的调查报告,而是体现在研究过程之中。有些调查为我们提供了研究思路,有些调查为我们提供了原本未知的信息,而这些信息可能是现有文献较少涉及的。

第三节　研究内容与框架

本书共分七章,具体研究内容与框架如下:

第一章为"导论"。简要介绍本书研究背景、研究意义、研究的基本思路与研究方法、研究的基本内容等。

第二章为"相关文献回顾"。文献研究内容主要为产学研协同创新及技术创新主体企业化相关理论与实证研究文献,具体包括四个方面的内容:(1)基本概念相关文献,包括有关创新与技术创新概念的相关文献、技术创新主体与技术创新能力概念的相关文献。(2)经典理论回顾,包括经济增长理论、创新经济理论、创新主体协同理论等。(3)代表性学术观点回顾,包括技术创新主体企业化影响因素研究、企业技术创新效率评价研究、国外技术创新主体企业化实践政策研究。(4)技术创新主体建设的相关政策法规和战略回顾,包括国家层面的政策法规和地方层面的政策法规。

第三章为"协同创新视域下技术创新主体企业化的影响因素分析及模式选择",包括协同创新视域下技术创新主体企业化的影响因素理论分析、实证分析、影响路径分析与模式选择。

第四章为"协同创新视域下技术创新主体企业化评价——以南京规模以上企业为例",包括南京规模以上企业技术创新主体地位统计分析、南京规模以上企业技术创新主体地位评价、基于协同论的南京企业技术创新能力提升路径。

第五章为"协同创新视域下技术创新主体企业化的经验借鉴",包括美国经验借鉴、欧盟经验借鉴、日本经验借鉴、以色列经验借鉴及国内典型城市经验借鉴。

第六章为"协同创新视域下技术创新主体企业化的机制研究",包括正确处理好几个关系、协同创新视域下技术创新主体企业化的机制分析、南京市典型案例分析。

第七章为"协同创新视域下南京技术创新主体化的政策保障",包括协同创新推动南京技术创新主体企业化政策制定的主要目标与重点领域、南京市协同创新推动技术创新主体企业化的培育与强化政策、南京市协同创新推动技术创新主体企业化的支撑政策。

第二章 相关文献回顾

本书从基本概念文献、经典理论文献、代表性学术观点文献、国内外政策实践文献等四个方面回顾了相关文献。

第一节 基本概念相关文献

这部分文献主要界定本书有关创新与技术创新、协同与协同创新、技术创新主体与技术创新能力等相关概念。

一、创新与技术创新的概念

1. 创新的内涵

《朗文当代英语词典》(2003)"创新"(innovation)一词的含义是：创新表示新的观点、新的方法或新的发明创造的引入。经济学上创新的概念源于美国经济学家熊彼特(Joseph A Schumpeter)1912年出版的《经济发展理论》,他对创新的定义为：创新就是建立一种生产函数,也就是说,把一种从来没有过的关于生产要素和生产条件的"新组合"引入生产体系。这种生产要素的新组合包括五个方面：采用一种新的产品；采用一种新的生产方法；开辟一个新的市场；掠夺或控制原材料或半制成品的一种新的供应来源；实现任何一种工业的新的组织。简单地概括为：产品创新、技术创新、市场创新和组织制度创新(洪银兴,2012)[①]。

创新从经济学概念来理解,一般分狭义创新概念和广义创新概念两个层次。狭义理解的创新概念,主要是立足于把技术和经济结合起来,即创新是一个从新思想的产生之后应用到产品设计、试制、生产、营销和市场等一系列行动。创新广义概念力求将科学、技术、教育等与经济融汇起来,强调一种网络,即创新表现为不同参与者和机构(包括企业、大学、科研院所、政府等)之间交互作用的网络。创新过程的核心是技术创新,而技术创新需要与其他创新方面的互相配合,例如管理创

---

① 洪银兴.科技创新中企业家及其创新行为[J].中国工业经济,2012(6):83-93.

新、组织创新、体制创新等,这样结合在一起才会体现技术创新的特有功效。从创新广义概念可以看出,技术创新是多维度的,需要各个方面的努力与有机组合,这也是后面我们定义技术创新主体的一个基点。

2. 技术创新的内涵

技术创新作为一个明确的概念如前面所述最早是由美籍奥地利经济学家约瑟夫·熊彼特(Joseph A Schumpeter)在其《经济发展理论》一书中提出的。受整个研究性质的限制,熊彼特始终将技术创新作为一个独立的变量去考察其对经济增长及社会变迁的影响。对技术创新的理解代表性观点有:

(1) OECD[1]认为,技术创新可以被看作为将一种理念或构思转化为:一种可引入市场的新的或改进了的产品;一个可以被用于工业或商业的操作过程;一种创建社会服务性事业的新途径。即技术创新包括新产品和新工艺,以及原有产品和工艺的显著的技术变化。如果在市场上实现了创新(产品创新),或者生产工艺中应用了创新(工艺创新),那么创新就完成了。这一概念尽管强调创新包括科学、技术、组织、金融和商业等一系列活动,但并未对此进行深入分析。

(2) 曼斯菲尔德(M. Mansfield)认为[2],一项发明,当它被首次应用时,可以称之为技术创新,技术创新是一种新产品或工艺被首次引进市场或被社会所使用的过程。产品创新是曼斯菲尔德的主要研究内容,他把产品创新视为从企业对新产品的构思开始,以新产品的销售和交货为终结的探索性活动。

(3) 弗里曼(Freeman)认为[3],在经济意义上,只有包括新产品、新工艺、新系统或者新装置在内的第一次商业性应用时,才能说完成了一项创新。1982年,弗里曼进一步将创新定义为包括与新产品(或改良产品)的销售或新工艺(或改良工艺)、新设备的第一次商业性应用有关的技术、设计、制造、管理以及商业活动。

(4) 傅家骥教授认为[4],"简单地讲,技术创新就是技术变为商品并在市场上销

---

① 张永前,国强. 技术创新的理论与政策[M]. 广州:中山大学出版社,1999:103 - 106.

② Winner. L. Do Artefacts have Polities? The Social Shaping of Technology [M]. Buchkingham, Philadelphia: Open University Press,1999.

③ Freeman. C. Network of Innovators:A Synthesis of Issues [J]. Research Policy,1991(20).

④ 傅家骥,等. 技术创新学[M]. 北京:清华大学出版社,1999.

售得以实现其价值,从而获得经济效益的过程和行为。"

(5) 林毅夫教授在区别不同学科对技术创新认识中指出[①]:经济学界所谓技术创新,是指一个生产者在下一期生产中所采用的技术比这一期生产的技术好,效率高,这个"新"技术不必是最新的发明。在科技界里则习惯地把创新(innovation)和发明(invention)等同起来。发明是从无到有,是对认识世界、改造世界的现有知识存量的一个增量贡献。但在经济学里则把发明和创新分开,创新侧重已经发明出来的技术在生产过程中的实际运用,是和一个生产者现在实际采用的技术比较,而不是和世界总体的技术水平做比较。

(6) Lenos(1962)提出技术创新是由发明的选择、资本投入保证、组织建立、制订计划、招用工人和开辟市场等行为综合的结果。技术创新中"科技"包含了科学和技术整个范畴,"科技"的概念立足于大的科技观,科技指的就是现代一体化条件下的科学技术。这就说明技术创新是整个科学与技术的创新,这就对技术创新局限于技术范畴上的问题有了突破,也就使技术创新不能解说自身涉及的知识增长和科学发展的问题得到解决。技术创新不但包含科学创新,也包含技术创新,一是科学创新中包含了基础研究以及应用基础研究的创新,二是技术创新包含了应用技术在研究、试验开发以及技术成果商业化的创新。如果从线性的逻辑程序来看,技术创新就是从基础研究到应用研究、试验开发和研究开发成果的商业化的全过程。

综上所述,这里我们认为技术创新就是原创性科学研究和技术创新的总称。通过科学研究提出新概念、新思想、新理论,以新的视角来重新认识已知事物,并以技术创新促使科学技术的发明创造的价值得以实现。

二、协同与协同创新的概念

1. 协同、协同学基本概念

协同学(synergetics)一词,来源于希腊文,意为共同工作。根据现代汉语词典的解释,协同是指主体间的相互配合、合作,协同作用是"各种分散的作用在联合中使总效果优于单独的效果之和的相互作用"。也就是说通过系统主体间的协同作用,可以实现单独难以实现的"1+1>2"的效果(郑刚,2006)[②]。1965 年 H·伊戈

---

① 林毅夫.技术创新发展阶段与战略选择[J].光明日报,2003-8-26

② 郑刚.全面协同创新:迈向创新型企业之路[M].北京:科学出版社,2006:20-21.

尔·安索夫在其编著的《变革国家中公司发展战略》一书中首次提出协同的概念，即组织各事业部间的协同。他把协同归为公司战略四要素之一，认为协同是价值创造中价值增量的来源。随后很多学者对协同进行了学术探索研究。联邦德国著名物理学家赫尔曼·哈肯（Hermann·Haken）于 20 世纪 70 年代创立了一门独立的学科——"协同学"（synergetics），其主要思想源于他对激光理论长期、精深的研究。哈肯的专著《协同学导论》和《高等协同学》分别于 1977 年和 1983 年出版，标志着这门科学的基本形成和臻于成熟。在协同学中，哈肯把协同定义为：系统的各部分之间互相协作，使整个系统形成微个体层次所不存在的新质的结构和特征。哈肯强调的协同作用是在复杂大系统内，其实，在任何一个系统即便是简单的系统内，也会存在系统各要素之间的协同作用，协同是系统发展的主要途径（吴伟，2012）①。

在协同学中，经常使用的基本概念有竞争、协同、序参量和伺服（吴彤，2001）②。

2. 协同创新、协同创新资源共享的相关概念

协同创新是以政府、高等院校、科研院所、企业、用户为主体的政产学研用创新网络体系，通过科技政策、共享平台、科技中介、金融创新、法规机制等途径，以信任为基础在长期合作中建立的稳定关系（吕静、卜庆军、汪少华，2011）③。其中政府是创新环境的主导者、企业是技术创新的主体、高等院校和科研院所是技术转移的源泉、用户是技术需求的导向。在目前全球创新驱动的现代经济模式中，协同创新系统中各大创新主体都在寻求优势制胜与机遇之间的平衡点，并努力寻求缩小自身能力与理想需求能力之间的差距的方法。而协同创新则可以作为填补这项空白的工具，尤其通过资源共享可以填补创新主体所拥有的资源与所需资源之间的缺口（戚湧等，2013）④。协同创新资源共享就是要通过政府政策引导和机制安排，充分调动企业、高校、科研机构等各类创新主体的积极性和创造性，从而有利于不同领域、不同行业组织深度合作和开放创新，实现技术创新资源的整合、集成、开放、

---

① 吴伟. 企业技术创新主体协同的系统动力学分析[J]. 科技进步与对策，2012(1)：91-96.

② 吴彤. 自组织方法论研究. 北京：清华大学出版社，2001.

③ 吕静，卜庆军，汪少华. 中小企业协同创新及模型分析[J]. 科技进步与对策，2011(3)：81-85.

④ 戚湧，张明，丁刚. 基于博弈理论的协同创新主体资源共享策略研究[J]. 中国软科学，2013(1)：149-154.

共享,达到政产学研有效协同运作的机理和方式(David J. Ketchen,JR. Strategic,
2007)①。

三、技术创新主体与技术创新能力的概念

1. 技术创新主体的概念

20世纪80年代后期,国家创新体系理论成为创新领域研究的热门议题。以
OECD 国家为主体的发达国家率先提出了国家创新体系的概念②。1999年中国政
府提出建设富有中国特色的国家创新体系,其实践背景是从计划经济向社会主义
市场转轨的混合经济体制。OECD 等发达国家的创新体系理论建立在市场经济基
础之上,企业自然就是市场经济活动和创新活动的主体。由于存在市场失灵,发达
国家政府通过营造良好的创新创业氛围,加强公共研发机构与企业之间的联系,提
升企业创新绩效。而中国的创新体系建立在转轨时期的混合经济体制之上,社会
主义市场经济体制还不成熟,企业尚没有成为市场经济活动的主体,政府主导的研
究机构和大学在创新活动中扮演着重要的角色。因此,由于国家创新体系实践背
景的中西差异,造就了创新体系研究的中国情境③。

关于创新体系中技术创新主体定位主要有三种观点:

一是认为技术创新的主体就是创新活动的参与者与实施者,这些参与者与
实施者是指个人和群体,因此,认为企业家是技术创新主体。比如傅家骥等
(1992)④认为,技术创新的关键人物是企业家,只有企业家才是创新活动的倡导
者和实施者,企业家的主体作用贯穿于从技术创新观念的产生到创新实施整个
技术创新的全过程。企业家在创新中的主体作用表现在:首先,企业家促进创新
观念的产生;其次,企业家重视技术创新的日常管理;最后,企业家正确决策并克
服许多障碍,促使技术创新的顺利实施。纪玉山等(2001)⑤认为企业家是技术
创新的核心:首先,企业家善于提高"生产要素"的组合效率;其次,企业家善于规
避技术创新风险;第三,企业家善于把技术创新成果市场化;第四,企业家具备技

①　David J. Ketchen, JR. Strategic Enterpreneurship Collaborative Innovation, and Wealth Creation
[J]. Strategic Enterpreneurship Journal,2007(1)：371－385.

②　连燕华. 试论企业是技术创新的主体[J]. 科学管理研究,1994,12(5)：1－6.

③　周元,王海燕. 关于我国创新体系研究的几个问题[J]. 中国软科学, 2006(10)：15－19.

④　傅家骥,等. 技术创新——中国企业发展之路[M]. 北京：企业管理出版社,1992.

⑤　纪玉山,曹玉强. 现代技术创新经济学[M]. 长春：长春出版社,2001.

术创新各环节的组织管理与协调能力；第五，企业家善于筹措技术创新所需的巨额资金。

二是认为技术创新的主体是政府机构、科研机构、高等学校、企业以及金融界等共同组成的综合主体。张钢（1995）指出[①]，如果从全过程的角度来考察创新活动，那么创新主体的确认就不能仅仅局限在创新过程的某一阶段或某一环节，技术创新活动的主体是在特定的社会经济文化背景下由多种要素组成的系统，包括相互关联的企业、大学和研究机构、政府、市场和金融机构，并把这种由多种要素组成的创新系统称之为多元组合技术创新主体。郭晓川（2001）[②]在此基础上，把这个主体系统划分为直接主体和间接主体，认为企业、大学、科研机构是直接主体，政府、市场、金融机构是间接主体。常修泽（1994）[③]等认为，从现实看，创新活动是企业家、内企业家和劳动者的协作行为，因而创新主体是企业家、内企业家和劳动者多元组合的复数。丛培波等（1995）[④]认为，技术创新的主体是由相互关联的企业、大学和科研院所、政府、市场和金融机构组成。黄钢等人（2010）[⑤]从分析技术创新的价值和特点出发，也提出了技术创新主体多元化的观点。他们认为技术创新的价值可体现在经济效益或社会效益或生态效益上，并非技术创新必有经济效益，而且技术创新具有非线性、动态性、外部性和风险性的特征，因此，对于以利润最大化为终极目标的企业而言，那些缺乏经济效益但却具有重大的社会效益或生态效益的公益型技术创新将不会被企业所选择，大量的技术创新仍需要政府支持的大学、科研机构或政府出资的科技项目来完成，因此企业并非技术创新的唯一主体，创新主体呈现多元化。

三是认为只有企业才是技术创新的主体，因为企业技术是全部科学技术创新问题的归宿点。连燕华（2006）[⑥]指出，改革开放以后，企业的自主权逐步得到落实，从只有生产职能到拥有研究开发、生产、营销等全部活动的自主经营权，因此企

---

① 张钢. 从创新主体到创新政策———一个基于全过程的观点[J]. 自然辩证法通讯，1995(6)：27 - 34.

② 郭晓川. 合作技术创新[M]. 北京：经济管理出版社，2001：30.

③ 常修泽，等. 现代企业创新论[M]. 天津：天津人民出版社，1994.

④ 丛培波，王海山. 论高科技成果产业化主体的综合化趋势[J]. 科研管理，1995(5)：53 - 57.

⑤ 黄钢，王宏，李颖. 论技术创新主体的多元性[J]. 西南农业学报，2010(4)：1334 - 1337.

⑥ 连燕华. 关于技术创新主体的再讨论[EB/OL]. [2006 - 04 ~ 20]. 中华人民共和国国家发展和改革委员会. http://www.sdpc.gov.cn/gjscy/cxtx/t20060420_66870.htm.

业也就成为了技术创新的主体。远德玉等(1994)[①]认为,企业是技术创新的主体,因为技术创新的过程只能由企业来完成;技术创新的结果只能通过社会生产过程来实现,而企业是社会生产的主体,理所当然应成为技术创新的主体。连燕华等(1994)[②]提出,企业不仅是市场经济活动的主体,而且是技术创新的主体,企业的技术创新主体含义包含了技术创新的决策主体、投资主体、研究开发主体和受益主体。罗伟等(1996)[③]认为,技术创新是生产要素和生产条件的新组合,虽然许多社会组织都以不同形式参与了创新活动,在技术创新活动中扮演了不同的角色,甚至是重要的角色,但只有企业才是技术创新的主体,因为企业的作用主要是对要素进行组合,而其他角色则主要是提供不同的要素。李正风、曾国屏(1999)[④]认为,企业不但要成为技术创新投资的主体,而且要成为研究开发投入和执行的主体,就整个创新系统而言,企业要成为承担风险和分配利益的主体。这种观点强调了企业是整合多层次技术创新的关键。作为主体的企业所进行的各个层次上的经营活动都可能是技术创新设想的起点和技术创新得以实现的重要组成部分。

洪银兴(2012)认为[⑤],企业作为技术创新主体,是新技术的采用主体、新技术的研发主体、技术创新的投资主体、孵化新技术的主体。他特别强调在技术创新上升为科技创新后,企业不只是成为采用新技术的主体,还会主动参与到产学研合作创新的体系中,成为孵化高新技术的一个主体。

综合上述观点,本书基于国家创新体系理论,认为技术创新主体是以企业为核心,涉及政府、大学和科研院所、中介机构,其中政府起着引导作用,大学和科研机构是重要参与者,中介机构起到纽带作用。所以,技术创新的主体是从事创新活动的核心企业,但政府、企业、科研机构和高校也在创新活动中占重要地位的,政府、企业、高校以及科研机构构成协同的利益共同体。

2. 技术创新能力的概念

国内外学者关于企业技术创新能力的代表性观点如表2-1中所示。

---

① 远德玉,董中保,常向东.企业技术创新能力的综合评价和动态分析方法[J].科学管理研究,1994(4):50-52.

② 连燕华.试论企业是技术创新的主体[J].科学管理研究,1994(5):1-6.

③ 罗伟.技术创新与政府政策[M].北京:人民出版社,1996.

④ 李正风,曾国屏.国家创新系统与知识经济[J].科技导报,1999(11):24-26.

⑤ 洪银兴.科技创新中企业家及其创新行为[J].中国工业经济,2012(6):83-93.

表 2-1　国内外代表性学者关于企业技术创新能力的研究

	代表性学者	研究结论
国外研究	Penrose(1959)	把企业科技创新能力定义为"企业优化配置和使用资源以获取经济租金的能力"
	Dosi and R. Nelson(1994)	创新是企业竞争能力的基础
	Barton(1992)	创新能力是为企业带来竞争优势的知识体系,它包括知识库、科技与管理系统、规范与价值观系统,强调科技创新能力的核心就是掌握专业知识的人、科技与管理系统及创新主体的价值观
	Coombs(1993)	创新能力是企业各种能力的组合
	Prahalad and Hamel(1990)	创新能力是企业通过投资和学习行为过程中累积起来的企业专长
	Wright(1991)	对企业科技创新能力的构成进行了分解,即资源的有效配置与利用的能力、对行业的理解能力、对科技发展的理解能力及战略管理能力等,这些构成企业科技创新能力,它体现了组织支持企业科技创新战略的一系列综合特征,具有一定的借鉴意义
国内研究	傅家骥、高建(1996)	将企业创新能力进行分解,提出创新资源投入能力、创新倾向、R&D能力、创新管理能力、制造能力、营销能力和产出能力构成企业创新能力
	魏江、许庆瑞(1995)	将技术创新能力分解为创新决策能力、R&D能力、市场营销能力、制造能力、资金能力、组织协调能力
	陈劲(2001)	技术创新能力分解为战略创新能力、信息资源能力、创新基础能力、智力资源能力
	王昌林(2000)	投入能力、产出能力、产业结构和技术创新环境组成产业技术创新能力
	官建成、史晓敏(2004)	将企业技术创新能力划分为学习能力、研究开发能力(R&D)、资源配置能力、生产制造能力、市场营销能力、组织创新能力和战略计划能力七类

综上所述,本书认为企业技术创新能力是指作为创新主体的企业合理利用和优化配置科学和技术资源,以及将科学技术资源有效地、创造性地转变为科研成果并将科研成果市场化的综合实力。

第二节　经典理论回顾

一、创新理论回顾

国际上对创新问题的研究始于美籍奥地利经济学家约瑟夫·熊彼特。1912年,他在《经济发展理论》一书中首次提出了创新理论,1939年和1942年又分别在《经济周期》、《资本主义、社会主义和民主主义》两部专著中对其创新理论进行了完善,形成了独特的创新理论体系。熊彼特认为,创新是经济发展的本质,创新的过程实际上是一种不断打破经济均衡的过程,因此经济研究的重心不在于如何实现均衡,而在于如何打破均衡,均衡的破坏就是创新。其创新理论主要包括五个方面:一是创新的内涵。创新不是一个技术概念,而是一个经济概念。二是创新的主体。企业家是创新的主体,企业家的创新活动是推动经济发展的主要动力。三是创新实现的制度条件。在资本主义制度下,资本与高度发达的信用制度是企业家实现创新的必要条件。四是实现创新的动力。重视发挥企业家和大企业的创新作用。五是创新的衰竭导致资本主义的崩溃。熊彼特创新理论的主要贡献在于:他不仅是创新理论的开创者,而且提出创新既包括技术创新也包括制度创新;同时还强调了企业研发活动和信用制度的重要性。但是,由于熊彼特是为了揭示资本主义经济发展的规律而研究创新问题的,这就决定了他对于创新机制、创新过程及相关影响因素的研究不可能十分深入,对制度创新的研究也有待拓展。自熊彼特之后,学者们对创新的研究无论是在广度还是在深度上都有了很大发展。

20世纪50年代以来,随着第三次科技革命的兴起,许多国家的经济出现了长期稳定的高速增长,传统经济学理论对这一现象的解释力大大弱化,技术创新理论的研究得以迅速发展。主要代表人物有曼斯菲尔德·卡曼和施瓦茨门斯等,他们在熊彼特的创新理论基础上,进一步研究和发展了技术创新,将创新理论和新古典学派的经济理论进行综合,初步搭起了技术创新理论的基本框架。

20世纪70年代以来,以诺斯为代表的新制度经济学家就制度创新的问题展开了深入的研究,形成了制度创新理论。诺斯等人运用新古典经济学的一般静态均衡和比较静态均衡方法对制度因素进行了深入分析,不仅拓展了新古典经济学的应用领域,而且增强了新古典经济学对现实经济问题的解释力,在西方学术界产生了重大影响。其基本思想可以概括为:因为交易成本的存在,制度将对资源配置

19

效率产生影响;市场失灵是存在的,合理的制度安排是解决的关键;技术革新和技术进步只是经济增长的表现,有效率的制度安排才是经济增长的源泉;在经济运行过程中制度具有内生性与稀缺性,是经济增长的关键。制度的作用主要体现在两个方面:一是降低创新中的不确定性和交易费用,二是提高对创新的奖励。

20世纪80年代中后期,创新理论在经过长期单项研究后开始走向综合,最为重要的标志是国家创新体系理论的提出。弗里曼重点强调了政府政策、企业研究开发、教育和培训以及产业结构四个因素的作用。纳尔逊·伦德瓦尔对国家创新体系的概念做了进一步的发展,主要从国家创新系统的组成要素方面对各创新主体之间的关系进行了探讨,包括企业、高校和科研机构等,这一划分方法也为以后的研究提供了主要分析基础。波特等人引入了产业集群的理念,提出了国家竞争优势的概念,开创了国家创新体系理论研究的新领域。

进入21世纪,随着经济全球化、全球信息化、知识化的加速发展,企业创新活动呈现出新的特点,形成了一批新的创新理论。其中较具代表性的有开放式创新理论、创新生态系统论等。

二、创新主体协同理论回顾

最初熊彼特在阐述其创新概念时就认为创新是建立一种新的生产函数,即把一种从来没过的要素新组合引入生产体系,其实此要素组合就已经蕴含了要素协同的思想。根据区域创新体系理论溯源中对区域创新体系要素的梳理,共总结出了人才、资金、技术、企业、政府、院所、管理创新、体制创新、技术创新、产品、产业、环境十二大要素,而区域创新主体协同所涉及的环节也将围绕此十二要素展开,一共产生了区域创新主体协同原理、区域创新主体协同过程、区域创新主体协同效率、区域创新主体协同路径、区域创新主体协同机制五个协同环节。

(1)创新主体协同原理。在区域创新发展中,政府、企业、院所三者协同的最根本动力或目标是为了共同推动区域创新从初级阶段向高级阶段发展,从而获得由区域创新发展而带来的共同收益。按照区域生命周期理论,区域创新发展一般会经历初创阶段、成长阶段、成熟阶段,最终走向衰退或升级阶段,且在不同阶段会有着不同的功能需求,这就要求区域创新主体政府、企业、院所通过三者间的协同合作产生相匹配的功能供给,实现区域创新主体与区域创新阶段间的功能整合,由此产生了区域创新主体协同的功能整合基本原理。

(2)创新主体协同过程。在区域创新主体协同过程中,企业、政府、院所各自功能定位不同,企业精于管理创新,政府专于体制创新,院所善于技术创新,选择不同主体担当三者协同中主导角色,会产生出不同的功能效果。在遵循功能整合原理的情况下,主导主体会因区域创新阶段变化对应地出现一定的演化转变,同时三者之间也会产生博弈的关系,由此产生了区域创新主体协同的演化博弈过程。

（3）创新主体协同效率。区域创新主体企业、政府、院所在协同发挥其各自所擅长的管理创新、体制创新、技术创新功能时候,需要借助人才、资金、技术等创新投入资源,以期望在创新产品、创新产业、创新环境等方面有所产出。不同的区域创新主体会有不同的协同结果,依据其所投入的创新资源与所获得的创新产出,对其展开协同效率评价,由此产生了评判区域创新主体协同结果的依据。

（4）创新主体协同路径与机制。为了提高区域创新主体协同效率,政府、企业、院所需要在实体上和虚拟上构建联盟组织,经过接触/沟通、竞争/冲突、合作、整合、协同五阶段过程后,形成以产品创新为导向、以产业创新为导向、以环境创新为导向的三大目标路径,同时政府、企业、院所还应建立起聚力、借力、避力的动力机制,要素整合、主导转换、产出导向、循环反馈的运行机制,分工协调、资源共享、利益分配、风险控制的管理机制。

三、经济增长理论回顾

通俗地说,经济增长（Economic Growth）是指更多的社会总财富的增加。库兹涅茨（1971 年获诺贝尔经济学奖）认为"一国的经济增长可定义为对国民提供日益增长的不同经济商品的能力的长期增长,这种增长的能力以技术进步及其所要求的制度和意识形态的调整为基础"[①]。在经济学中,经济增长可指在一个较长的时间跨度内,一个国家人均产出（或人均收入）水平的持续增加,在较早的文献中它是指一个国家或地区在一定时期内的总产出与前期相比所实现的增长[②]。与经济波动中的恢复性增长不同,经济增长是一个长期的概念,其实质是潜在国民产出的增加或经济系统生产能力的增长。经济增长也不同于经济发展（Economic Development）,前者更多是一种"量"的概念,而后者则是一种比较复杂的"质"的概念,是用来衡量一个国家以经济增长为基础的政治、社会、文化综合发展的状况。

---

① 库兹涅茨（Simon Kuznets）.现代经济增长:事实与思考//诺贝尔奖获得者演讲集（经济学奖）.罗汉,译.上海:上海人民出版社,1999:93.

② 袁志刚,宋铮.高级宏观经济学[M].上海:复旦大学出版社,2001.

经济增长理论是对经济增长规律和影响制约因素的研究和解释,该理论从上个世纪 50 年代开始发展,80 年代之后进入新的发展阶段,目前已被公认为是现代宏观经济理论的主流内容。已有经济增长理论中有关经济增长的直接因素主要包括投资量、劳动量和生产率。这三个因素对经济增长贡献的大小,在经济发展程度不同的国家或不同的阶段是有差别的。一般来说,在经济比较发达的国家或阶段,生产率提高对经济增长的贡献较大;在经济比较落后的国家或阶段,资本投入和劳动投入增加对经济增长的贡献较大。为了更好地了解经济增长理论,有必要对其变迁过程作一回顾。

古典经济理论采用萨伊的供给创造需求理论,认为市场会自动均衡,强调市场自由,发挥"看不见的手"的作用。在古典经济学时期,经济学家指出了经济增长的规模性动因(资本、技术、土地)以及拓扑性机制(分工),也注意到了自然资源在经济增长中的特殊性。马克思在《资本论》中分析生产资本积累与经济增长的关系时指出:"生产逐年扩大是由于两个原因:第一,由于投入生产的资本不断增长;第二,由于资本使用的效率不断提高。在再生产和积累期间,小的改良日积月累,最终就使生产的整个规模完全改观;这里进行着改良的积累,生产力的日积月累的发展。"[①]他强调了生产资本积累和技术进步对经济增长的作用。

亚当·斯密(Adam Smith)在《国富论》中分析了一国财富增加的途径,认为只有通过经济增长才能实现财富的增加。亚当·斯密提出,社会财富的增加意味着人均国民产值的提高表现出来的个人财富的增加。在如何实现国民财富增加的途径问题上,他强调了资本积累和资本的正确配置,这实际上强调了资本积累对经济增长的作用。亚当·斯密认为资本不仅包括机器和工具、建筑物、改良的土地,而且还包括"社会上一切人所学到的有用才能,这种才能对个人和个人所属的社会都是财产的一部分"[②]。这实际上隐含着现代经济增长理论关于人力资本的思想。大卫·李嘉图(David Ricardo)在《政治经济学及赋税原理》的著述中,也包含了如何实现经济增长的思想,并强调了资本积累在经济增长中的作用,认为如果没有投资产生的资本积累,经济就不可能增长,增长过程就会停止。

可以看出,古典经济理论对经济增长的动因已有重要论述,但还没有形成经济

---

① 马克思. 马克思恩格斯全集(第 26 卷第 2 册)[M]. 北京:人民出版社,1995:598.
② 亚当·斯密. 国富论[M]. 唐日松,等,译. 北京:华夏出版社,2005:257.

增长的理论,他们的分析侧重于农业生产占主导地位的经济,研究重点是劳动分工对经济发展的影响,过分地强化了土地肥力递减等边际收益递减规律;同时,技术进步的连续性没有得到应有的重视,这与当时的生产力发展水平有绝大关系。

19世纪后半叶,以"边际分析"为特征的新古典经济学得以兴起,其标志是马歇尔(Marshall)1890年《经济学原理》的出版,预示着西方经济学进入了一个新的成长阶段。新古典经济学的贡献主要在于其分析工具(边际分析、一般均衡)的改进上,"这种数学化的经济学,在形式上更接近一种科学,更接近一代一代的经济学家所追求的目标,因此也就顺理成章地成了他之后经济学的主流"①。在经济思想的提供上,以分析资源配置为主的新古典经济学确实没有给我们过多的启示,这也就是说有关经济增长的理论其实被边缘化了。1936年凯恩斯(Keynes)出版了《就业、利息和货币通论》,创立了一套完整的宏观经济理论,在对新古典经济学批判的同时,对资本主义市场经济的运行机制做出了全新的解释,将宏观经济总量的研究纳入了主流经济理论的研究视野。虽然从总体上看,凯恩斯经济理论是从流量的角度对短期经济波动的分析,而没有对经济保持长期、持续增长的根源进行分析,但是现代经济增长理论是直接从凯恩斯理论中派生出来的。"由于哈罗德(Harrod,1939)和多马(Domar,1947)所作的开创性研究,经济增长理论被正式纳入宏观经济学的研究范围,……成为宏观经济学中两个最重要的研究方向"②(另外一个是经济周期理论)。哈罗德-多马模型(H-D模型)研究的是一个经济在长期的动态过程中实现和保持充分就业的稳定增长的条件问题,它在假设技术不变的前提下研究资本增加与经济增长之间的关系,强调资本积累对经济增长的促进作用,认为一国经济增长的动力来源于"积累",积累越多,增长速度就越快。作为一种早期的增长理论,虽然H-D模型具有简单、明确的特点,但该模型有关劳动和资本不可相互替代以及不存在技术进步的假定在一定程度上降低了其对现实的解释力度,而且该模型本身很难满足均衡条件,因此被称为"刀锋上的平衡"。

在西方经济增长理论的文献中,美国经济学家罗伯特·索洛(Robert M. Solow)在20世纪50年代后半期提出的新古典增长理论被公认为是同时代最著名的有关增长问题的研究成果。新古典经济增长理论的创立者还有英国的经济学家斯

---

① 杨小凯,张永生. 新兴古典经济学与超边际分析[M]. 北京:社会科学文献出版社,2003:10.

② 袁志刚,宋铮. 高级宏观经济学[M]. 上海:复旦大学出版社,2001:463.

旺(Swan)。索洛—斯旺模型运用了变动的相对要素价格和生产率,并且改变了生产过程中投入要素的组合比例,假定资本主义经济完全能够通过自由市场自动实现均衡。他们认为在没有外力推动时,经济体系无法实现持续的增长,只有当经济中存在技术进步或人口增长等外生因素时,经济才能实现持续增长,从长远看,技术进步才是经济增长的决定因素。受此启发,加之早期 H-D 模型对资本积累的强调,同期产生了许多有关如何提高经济的产业结构的学说,如大推进理论、"增长极"理论、经济起飞理论等,因为工业部门比传统的"初级"产品部门更能够最大限度地带来经济剩余,从而积累更多的资本。索洛—斯旺模型虽然突破了 H-D 模型的局限,但其缺陷也是明显的,一方面它将技术进步看作经济增长的决定因素;另一方面它又视技术进步是外生变量,这就使其排除了影响经济增长的最重要因素。另外,索洛在 1957 年提出全要素生产率分析方法,并在应用这一方法检验新古典增长模型时发现,资本和劳动的投入只能解释 12.5% 左右的产出,另外 87.5% 的产出不得不被归结为一个外生的"余值",即技术进步①,而对技术进步的分析则被视为一个"黑箱"。

因为新古典增长理论采用了新古典经济学的分析框架,从而在其诞生之初就因其形式上属于主流经济学而赢得社会的承认,成为经济学家分析长期增长问题的理论基础。也正是因为新古典增长理论简单明了和被主流经济学所接纳,大家似乎以为在增长理论方面已无事可做。所以,20 世纪 60 年代之后,经济增长理论经过了大约 20 年的沉寂②。

尽管新古典经济增长理论为说明经济的持续增长引入了外生变量技术进步和人口增长率,但并没有能够从理论上说明持续经济增长的问题。新经济增长理论是基于新古典经济增长模型发展起来的,从某种意义上说,它的突破在于放松了新古典增长理论的假设并把相关的变量内生化。新经济增长理论也是目前宏观经济学的最前沿理论,是 20 世纪 80 年代以来在新古典经济增长理论的基础上发展起来,致力于研究长期经济增长的动力机制的学问。与新古典增长理论相比,新增长理论从不同侧面探究了经济增长的动力和机制,并在更大范围内解释了经济现象,也提出了促进经济增长的相关政策。

---

① 罗伯特·M.索洛.经济增长因素分析[M].史清琪,等,译.北京:商务印书馆,2002:238-251.
② 罗伯特·J.巴罗.现代经济周期理论[M].方松英,译.北京:商务印书馆,1997:57.

阿罗（Arrow K.）在1962年就进行了将技术内生化的最早尝试,他建立了一种"干中学"（learning by doing）的模型,即把从事生产的人获得知识的过程内生于模型。在这一模型中,产出不仅仅是有形要素的投入,而且也是学习和经验积累的结果,体现为资本的贡献要大于资本传统上的贡献,因为增加的资本不仅通过其对生产的直接贡献来提高产量,而且通过其间接推动新思想的发展来提高产量。阿罗认为,人们是通过学习而获得知识的,技术进步是知识的产物、学习的结果,而学习又是经验的不断总结,经验来自行动,经验的积累就体现于技术进步之上。在阿罗的模型中,只是将技术进步的一部分内生化了,它随着内生的资本存量的变化而变化,而且是渐进的。

罗默（Paul M. Romer）1986年在《收益递增与长期增长》中提出了自己的内生经济增长模型,把知识完整地纳入到经济和技术体系之内,使其作为经济增长的内生变量。罗默模型中生产要素包括四个方面,即在新古典经济学的资本和劳动（非技术劳动）外,又加上了人力资本（以受教育的年限衡量）和新思想（用专利来衡量,强调创新）。罗默认为知识和技术研发是经济增长的源泉,并且知识在不同的使用过程中是可以分离的,用于研究与开发过程中的知识具有完全的外部性,而用于产品生产过程中的知识则具有完全的排他性。外部性保证了经济的持续增长,而排他性保证了知识可以作为一个商品进行生产,因此,知识生产的内生性决定了经济增长也必定是内生性的。从一种产品的生产过程来看,不仅它自身能够形成递增的收益,而且能够使资本、劳动等要素投入也产生递增的收益,从而使整个经济的规模收益递增。罗默在此后的模型中将社会生产划分为研究部门,中间品生产部门和最终生产部门,始终强调以创意或知识品为基础来理解经济增长和发展的机制。1992年罗默进一步把上述思想运用到发展中国家和地区的发展战略的研究中,认为能否提供和使用更多的创意或知识品,将直接关系到一国或地区经济能否保持长期增长。发展中国家为实现长期的经济增长,必须具备一种使新设计或创意能产生和使用的机制,这就要求政府政策的制定必须重视教育发展和科技投入、激励和保护创新。罗默模型的主要缺陷是没有研究初始的人力资本状况和对人力资本总量的不变的假定。

卢卡斯（Lucas）分析了人力资本的形成过程,并把人力资本的形成结合到经济增长的模型之中,揭示了人力资本增值越快,则部门经济产出越快;人力资本增值越大,则部门经济产出越大。根据卢卡斯模型,人力资本的形成有两条途径,一条是通过学校教育,假定每个生产者除生产外都必须用一定的时间从事人力资本建设,强调了脱离生产活动的学校教育对人力资本形成的作用,这样获得的人力资本能够产生人力资本的"内部效应";第二条是在实践中学习,即专业化的人力资本,其具有外部效应,使企业受益。专业化人力资本形成的规模和速度,直接取决于社会一般人力资本已达到的水平,只有学校教育才可以形成人力资本生产的规模效应,并突破专业的限制,最有效地提高一般知识水平。对新经济增长理论做出贡献的还有其他许多人及其相关理论,就增长动力因素的选择上,新增长理论除了非常强调技术因素,也注意到了制度因素,并且也认为制度安排和技术进步在长期中是互动的,是经济持续增长的不可或缺因素。不过,对制度进行内生化处理及经验性研究显然还是不成熟的。另外,新增长理论在技术和制度的共性方面缺乏研究。事实上,技术和制度都是人类所创造的"知识",而对知识的深入研究和理解则是一项非常重要的基础性工作。

梁中堂和翟耀明(2004)[①]对新增长理论进行了整理,认为新增长在研究经济增长过程中的突出贡献在以下几个方面:

(1)新增长理论十分重视知识外溢、人力资本投资、研究和开发、收益递增、劳动分工和专业化、边学边干、开放经济和垄断化等问题。

(2)强调人力资本的重要性,认为一个国家的经济增长主要决定知识的积累、技术的进步和人力资本的水平。

(3)新增长理论重视制度安排和政府、政策在经济增长中的作用。

因此,新增长理论不像新古典增长理论那样有一个为多数经济学家共同接受的基本理论框架,而是一些持有相同或类似观点的经济学家所提出的诸种增长模型的一个松散集合体。新增长理论产生于信息产业有了飞速发展的阶段,看到了知识和技术改变了传统的工业经济生产方式,意识到知识和技术在生产过程中越来越重要的作用,把知识和技术视为同劳动和资本一样是生产过程中不可或缺的内在因素,并且强调知识和技术的发展是生产和收益递增的重要源泉[②]。

从增长理论的演进历程可看出,古典经济增长理论注重物质资本、土地及劳动力对经济增长的作用,新古典经济增长理论逐步注意到技术进步的作用,但把技术

---

① 梁中堂,翟耀明.经济增长理论史[J].经济问题,2004(4).

② 理查德·R.纳尔森.经济增长的源泉[M].汤光华,译.北京:中国经济出版社,2001.

进步与劳动力增长率、储蓄率等都假定为外生变量,内生经济增长理论把技术进步内生化,认为技术创新通过增加中间产品数量、提高产品质量,以及不断向外扩散,推动经济持续增长。新经济增长理论解答了传统经济学理论无法解释的一个难题,即资源要素投入有限的情况下,经济何以持续增长的问题。技术的进步在经济发展中逐步凸显其地位的重要性,这是经济与社会发展的必然结果,特别在当前的知识经济社会中,只有靠技术创新、技术进步才能真正实现国家、地方经济的跨越式的、可持续的、集约型的、良性健康的发展。

第三节 代表性学术观点回顾

一、关于企业技术创新影响因素的研究

国内外学者对企业技术创新影响因素的研究主要从三个方面开展:

1. 企业内部因素

一是企业规模影响企业技术创新。熊彼特在《资本主义、社会主义和民主政治》中指出,随着企业规模的扩大,其创新行为以更快的速度增长。自此,企业规模的大小对技术创新的影响,成为众多学者理论与实践上争论的焦点。Pavitt 等(1987)[①]通过对 500 家大企业的创新情况进行分析,认为较小和较大企业的研发效率比中等企业更高,也即研发效率和企业规模之间呈现"U 型"关系。Cohen(1996)[②]研究认为,企业技术创新效率改善需要一定的规模经济性,且大企业在技术创新方面具有优势。Jefferson 等(2006)[③]利用中国企业面板数据对企业规模的影响进行研究表明,在控制住产业效应后,企业规模对企业研发支出强度正相关。张杰、刘志彪、郑江淮(2007)[④]以江苏省制造业企业为样本,研究结果表明,在控制

---

① Pavitt K,Robson M,Townsend J. The Size Distribution of Innovating Firms in the UK:1945—1983 [J]. Journal of Industrial Economics,1987,35(4):121 - 128.

② Cohen W M, Klepper S. A Reprise of Size and R&D[J]. The Economic Journal,1996,106(437):925 - 951.

③ Jefferson G H,Bai H M,Guan X J,et,al. R&D Performance in Chinese Industry[J]. Economics of Innovation and New Technology,2006,15(4):345 - 366.

④ 张杰,刘志彪,郑江淮.中国制造业企业创新活动的关键影响因素研究——基于江苏省制造业企业问卷分析[J].管理世界,2007(6):64 - 74.

了品牌、企业家背景、人力资本、行业与地区相关因素后，企业规模与创新投入强度之间呈现较明显的倒 U 型关系，而且存在"门槛效应"。

二是企业经营年限影响技术创新。在企业经营年限对企业技术创新的影响上，学者们存在分歧。Sorensen 等(2000)[①]认为，随着企业年龄的增长，企业将积累起技术创新所必需的经验和知识，这意味着在企业经营年限和技术创新之间不但存在正相关关系，而且年龄大的企业的创新将更有分量。但是有学者认为，经营年限长的企业建立了确定的程序和惯例，不利于对重要的外部技术进步作出反应，因此构成了技术创新的障碍。

三是企业产权结构对技术创新的影响。在这个问题上学者们观点不一致。有学者认为外资参股与企业的技术创新绩效显著正相关，如 Lore 等(1999)[②]；另一些学者则持相反意见，认为两者存在负相关关系。两方分歧在于，外资企业中科技资源(如技术、知识、研发结果)和非科技资源(如财务、营销)能否补偿在其管理和运营职能上的相对缺乏，使公司提高其技术创新能力。吴延兵(2006)[③]认为清晰的产权结构有利于激励技术创新和提高创新效率，而不具有排他性的模糊产权结构则对技术创新和创新效率具有抑制作用。

四是企业绩效对技术创新的影响。学者们的观点比较统一，认为二者之间存在显著正相关关系，因为过去的好绩效能向企业提供必要的资源，鼓励它们创新，以保持其竞争地位，提高市场份额和利润，如 Zahra(1993)[④]等。

五是企业战略对技术创新的影响。学者们都认识到企业战略对企业技术创新行为存在影响。比如 Veugelers 和 Cassimaa(1999)[⑤]认为，战略能把创新性企业与非创新性企业区分开来，不论企业选择多元化还是专业化发展战略，为了在市场上

---

① Sorensen J B,Stuart T E. Aging Obsolescence and Organizational Innovation. Administrative Science Quarterly,2000,45(1):81-112.

② Lore J H,Roper S. The Determinants of Innovation:R&D, Technology Transfer and Networking Effects. Review of Industrial Organization,1999,15(1):43-64.

③ 吴延兵. R&D 与生产率——基于中国制造业的实证研究[J]. 经济研究,2006(11):60-71.

④ Zahra S A. New Product Innovation in Established Companies:Associations with Industry and Strategy Variables. Entrepreneurship Theory and Practice Winter,1993(18):47-69.

⑤ Veugelers R,Cassiman B. Make and Buy in Innovation Strategies:Evidence from Belgian Manufacturing Firms. Research Policy, 1999(28):63-80.

保持竞争力,企业除了不断创新外没有其他的选择。Proter(1990)[①]根据企业的竞争优势,区分了两种普通的竞争优势:差异化和成本领先,其中差异化战略与技术创新正相关,成本领先战略与技术创新不相关。内部研发与高水平技术创新人员也被广泛认为是创新的一个重要的决定因素。通过对国内 100 家机械制造企业的问卷调查,并进行定量分析发现,影响我国企业创新的五个方面主要因素有:战略、管理、技术、资源和能力。王慧、康璞(2008)[②]对企业技术创新能力内涵进行全面和深入的讨论得出结论,企业在技术创新的过程中所体现出来的创新决策能力、管理能力、市场营销能力、研究开发能力、生产制造能力等才是实现超额利润的源泉。

六是企业组织与企业文化对技术创新的影响。Koberg 等人(2003)[③]研究表明,企业授权结构、柔性结构和企业内部不同职能部门之间的交往对创新存在积极影响,而组织结构的正式程度和决策制定的集中程度对创新影响并不清楚。Baldvin和 Johnson(1996)[④]研究发现,企业技术创新与适宜创新的企业文化显著正相关;企业必须将持续改进的创新文化融入到组织的每一个员工的价值观中,企业才能更好地发展。Veugelers 和 Cassiman(1999)[⑤]认为,企业内部抵制变革对企业技术创新存在负面影响,只有当企业内部有清晰明确的创新战略,创新才能真正有利于企业发展。黄华新,顾坚勇(2001)[⑥]等从企业外显文化和内隐文化两个层面揭示了技术创新与企业文化两者之间存在着较强的互动性。

七是企业资源投入对技术创新的影响。企业资源投入包括研发经费投入和人力资本投入。Jung 等人(2003)[⑦]认为,企业家的特征对企业的创新能力具有积极

① Michael E Proter. The Competitive Advantage of Nations. The Free Press,1990.

② 王慧,康璞.企业技术创新能力评价指标体系设计研究[J].统计与信息论坛,2008(5):24-31.

③ Koberg C S. An Empirical Test of Environmental, Organizational, and Process Factors Affecting Incremental and Radical Innovation[J]. Journal of High Technology Management Research,2003,14(1):21-45.

④ Baldwin J R,Johnson J. Business Strategies in More and Less Innovative Firms in Canada. Research Policy,1996(25):785-804.

⑤ Veugelers R,Cassiman B. Make and Buy in Innovation Strategies:Evidence from Belgian Manufacturing Firms. Research Policy,1999(28):63-80.

⑥ 黄华新,顾坚勇.论企业技术创新与企业文化互动[J].科学学研究,2001(12):93-97.

⑦ Jung D I,Chow C,Wu A. The Role of Transformational Leadership in Enhancing Organizational Innovation:Hypotheses and Some Preliminary Findings. The Leadership Quarterly, 2003(14):525-544.

影响。郭国峰、温军伟、孙保营(2007)[1]实证研究发现,制度创新与人力资本对技术创新有着极其巨大的推动作用,远远超过了 R&D 经费投入等物质要素的贡献率。王学军、陈武(2008)[2]定量研究湖北省 1995—2006 年区域智力资本与区域创新能力之间相关性的强弱,肯定了人力资本对技术创新的重要性。孙爱英、苏中锋(2008)[3].认为,企业的资源冗余会对企业创新产生重要的影响,且不同类型的资源冗余会对企业创新类型的选择产生影响。吴贵生提出技术创新能力可以从投入能力、研究开发能力、生产能力、管理能力等四个方面度量。许庆瑞、魏江等(1995)[4]认为企业创新能力是企业以资金能力为支撑,为支持创新战略的实现,由产品创新能力和工艺创新能力为主体,并由此决定的系统整合功能。

2. 市场因素

一是学者们认为企业所处行业对企业技术创新有影响。代表性的观点有:Evangelista 等(1997)[5]认为高技术行业(如电讯、航空、制药)比传统行业(如纺织、木材、食品)中的企业更具有创新性。Souitaris(2002)[6]认为,企业的创新能力以及创新行为的影响因素视其所属的行业类型而异。安同良等(2006)[7]的研究表明,企业所属行业、企业规模和所有制特征因素是影响中国制造业企业创新活动的重要因素。吴延兵(2006)[8]从探讨 R&D 与生产率之间的关系入手,间接发现了市场因素和产权结构因素对我国企业研发活动存在重要的影响。

二是学者们认为 FDI 对企业技术创新有影响。王红领、李稻葵、冯俊新

---

① 郭国峰,温军伟,孙保营. 技术创新能力的影响因素分析——基于中部六省面板数据的实证研究[J]. 数量经济技术经济研究,2007(9):134－143.

② 王学军,陈武. 区域智力资本与区域创新能力的关系——基于湖北省的实证研究[J]. 中国工业经济,2008(9):25－36.

③ 孙爱英,苏中锋. 资源冗余对企业技术创新选择的影响研究[J]. 科学学与科学技术管理,2008(5):60－68.

④ 许庆瑞,魏江. 中小企业提高技术能力的对策研究[J]. 科研管理 1995(1):15－21.

⑤ Evangelista R, Perani G, Rapiti F, et al. Nature and Impact of Innovation in Manufacturing Industry: Some Evidence from the Italian Innovation Survey. Research Policy, 1997(26):521－536.

⑥ Souitaris V. Technological Trajectories as Moderators of Firm Level Determinants of Innovation. Research Policy, 2002(31):877－898.

⑦ 安同良,施浩. 中国制造业企业 R&D 行为模式的观测与实证——基于江苏省制造业企业问卷调查的实证分析[J]. 经济研究,2006(2):22－56.

⑧ 吴延兵. R&D 与生产率——基于中国制造业的实证研究[J]. 经济研究,2006(11):60－71.

（2006）①以我国行业宏观数据为例,回归分析考察了 FDI 对我国民族企业自主创新能力的影响,实证结果支持了 FDI 对我国企业技术创新具有促进作用。李晓钟、张小蒂（2007）②以我国 2002—2006 年 29 个省市自治区的面板数据为样本,实证分析了 FDI 对我国区域技术创新能力的影响,结果表明,FDI 对区域技术创新能力提升的促进作用明显存在,且东部较高、中部次之、西部不明显。

三是产业竞争态势对技术创新的影响。庄卫民和龚抑军（2005）③认为行业内的竞争越激励,企业越倾向于采用技术创新战略,以超越竞争对手。

3. 政策因素

学者们一致认为政府创新政策是影响企业技术创新的重要因素。

表 2-2　国内外代表性学者关于政策对技术创新影响的研究

	代表性学者	研究对象与内容	研究结论
国外研究	Bluno(1989)	实证检验了 17 个国家政府各种公共投资手段对企业研发行为的影响	实行财政补贴和提供税收优惠政策将刺激企业增加其支出,但政府直接补贴和政府税收优惠的作用是相互替代的,且政府补贴与企业研发之间表现为"倒 U 型"曲线的关系
	Schiff Wang 和 Olarreaga(2002)	优先贸易安排政策	优先贸易安排会造成与研发成果富集的发达经济体之间贸易的偏差,而这种偏差会阻碍来自发达经济体的技术转移和技术溢出效应,不利于提高本国企业的研发水平
	Lederman 和 Maloney(2003)	以少数几个发展中国家和发达国家的创新活动为研究样本,研究宏观经济政策对企业研发影响	宏观经济波动对企业研发强度具有明显的抑制作用
	Aghion 等(2005)	金融政策对技术创新的影响	金融发展程度对企业研发活动非常重要,如果企业面临严重的金融约束,则他们在经济衰退期不能克服短期的资金流动压力,更没有足够的资金进行长期研发
	Zhao(2006)	以跨国公司为研究对象,研究知识产权保护政策对技术创新的影响	在知识产权保护水平弱的地区,跨国公司研发活动普遍内部化,且企业集团内部研发活动之间的联系更加密切,表明跨国公司通过这种内部化的机制弥补了外部产权保护力度不足的缺陷

① 王红领,李稻葵,冯俊新. FDI 与自主研发:基于行业数据的经验研究[J].经济研究,2006(2):44-56.
② 李晓钟,张小蒂.江浙基于 FDI 提高区域技术创新能力的比较[J].中国工业经济,2007(12):102-109.
③ 庄卫民,龚抑军.产业技术创新[M].北京:东方出版中心,2005.

	代表性学者	研究对象与内容	研究结论
国内研究	朱平芳、徐伟民（2003）	上海市政府的科技激励政策与上海市大中型工业企业技术创新之间的关系	政府的科技拨款资助和税收减免这两个政策工具对企业增加自筹的研发投入具有促进作用
	唐清泉、陆姗姗（2008）	以 2002—2005 年沪深两市有政府补助或者研发支出的企业作为研究样本	政府对企业的 R&D 补贴，对企业 R&D 支出有显著的激励效应，且与政府对企业的 R&D 间接补贴相比，直接补贴能更显著地诱导企业 R&D 的支出
	李东红、顾文涛、李蕾（2007）	政府规制在上汽乘用车自主开发能力历史演进过程中的作用	政府规制是企业自主创新活动的重要影响力量

二、关于企业技术创新绩效评价的研究

DEA 方法（数据包络分析方法）被国内很多学者用于评价技术创新的创新绩效。

官建成、余进（2005）[①]选择 R&D 人员全时工作当量以及 R&D 经费为投入变量，以专利、论文的被引用数及技术贸易额为输出变量，用 DEA 方法对国家创新能力进行了分析，发现与发达国家相比，中国的技术创新过程注重技术开发，但是科技成果市场化能力低下。

易伟明、刘满凤（2005）[②]用 R&D 人员比例、R&D 经费为投入指标，以技术性收入比、新产品销售率、新产品利润率、新产品创汇率、专利申请授权总数为产出指标，用 DEA 方法对安徽各地创新绩效进行了分析。

罗亚非、李敦响（2006）[③]则选取科技活动人员、科技经费内部支出、R&D 人员当量和 R&D 经费四个指标作为投入指标，选用国外三系统（SCI、EI 和 IETP）收录科技论文数量、专利授权量、地区技术市场成交合同金额和新产品销售收入四个指标为产出指标，采用 DEA 方法对中部 6 省和京、沪、粤区域创新绩效进行分析。

DEA 是一种有效的评价创新绩效的方法，但是 DEA 方法主要评价各 DMU（决策单元）的相对效率，不能清晰地显示各 DMU 创新绩效的定量差距。还有学者用生产函数来分析技术创新的绩效。Adams、Jones 用生产函数对创新投入产出进行分析。在考察创新投入时，研究者一般采用 R&D 费用或从事研究的科学家

① 官建成，余进. 基于 DEA 的国家创新能力分析[J]. 研究与发展管理，2005(3)：8-15.

② 易伟明，刘满凤. 区域创新系统创新绩效分析与评价[J]. 科技进步与对策，2005(3)：119-121.

③ 罗亚非，李敦响. 我国中部 6 省和京、沪、粤区域技术创新绩效比较研究[J]. 科技进步与对策，2006(1)：18-21.

和工程师数量这两项指标,创新产出多采用专利申请或授权量。王海盛、郑立群(2005)[1]选择专利授予量为产出指标,用 R&D 人员全时工作当量及 R&D 支出额为投入指标,建立了柯布-道格拉斯(Cobb-Dauglas)生产函数,分析投入产出关系,并以上海为例分析了该区域的创新绩效。

三、关于典型国家技术创新主体企业化政策实践的研究

1. 宏观调控政策法规

政府在企业技术创新主体化中发挥了重要作用。政府是通过制定宏观调控政策法规来促使企业成为技术创新的主体。如韩国曾制定一系列鼓励企业研发的政策法规,如 1966 年"外资引进法",1967 年"科学技术振兴法",1972 年"技术开发促进法",1973 年"特定研究机构扶植法",1986 年的"工业发展法"等。韩国政府还利用特定的研究开发补助或各种基金等形式为企业开发技术、提高质量给予资金支援,并对企业的技术开发及人才培养支出给予 15% 的税收减免优惠,对新技术的企业化给予 10% 的税收减免优惠,对企业兴建的研究所免征所得税、财产税、注册税。欧美国家通过涉外科技、知识产权的保护、专利、版权、环境保护等方面的法律,对企业技术创新给予直接或间接的调控或扶持。如美国在 1986 年国会通过了《1986 年联邦技术转移法》,促进技术创新和科研成果迅速商品化。另外,美国还颁布了《1976 年美国国家科学技术政策、机构和有限目标法》、《专利法》、《知识产权保护法》等。

2. 税收优惠法规政策

世界各国政府为鼓励企业研发活动,均制定了相关的税收优惠政策。美国在1981 年通过了《经济复兴税法》,对高科技开发研究做出了如下的规定:对研究开发投资税收从 49% 减到 25%;工业企业对大学捐赠的仪器设备可作为慈善性捐款给以减税,幅度相当于设备的原始成本。1986 年,美国国会又通过对该法的修正案,将投资税减至 20%。据专家测算,这两项减免税额相当于增加 14 亿美元的投资,至少可以创办 2 800 家小型和 350 家大型高科技企业。联邦政府如此,一些州政府也作出规定。譬如,佛罗里达州规定,科技园出售的产品免交产品税,从事研究与开发的企业只征收有形财产税;宾夕法尼亚州允许企业将一年营业亏损的

---

① 王海盛,郑立群.区域创新系统创新绩效测度研究[J].安徽工业大学学报,2005(11):39-40.

20％从纳税额中扣除。1986年,美国国会还颁布了《税收改革法》,该法规定投资额的60％免除课税,其余40％减半课征所得税。1997年,美国国会又通过了《投资收益税降低法案》,该税法设计的范围非常广泛,规定得十分详尽。英国的科技园区主要是地方城市政府与企业集资创办的结果,中央政府主要是通过指定具体产业计划,对符合计划的高科技产业领域给予税收优惠。1983年,英国政府指定了《企业扩展计划》,为诱导中小企业投资高新技术,税收政策规定:对创办小企业者,可免税60％的投资额,对创办的小企业免100％的资本税,公司税率从1983年财政年度由38％改为30％,印花税由2％减至1％,起征点由2.5万英镑提高到3万英镑,取消投资收入附加税。英国现行税收政策涉及的范围很广,与发展高新技术投资相关的有:技术创新收入性支出的税收减免,技术创新的资本性支出的税收减免,知识产权的投资执行税减免,增值税的税收抵扣,个人投资的税收减免等等。

3. 金融支持法规政策

美国推进技术创新主体企业化时,要求政府不当"零售商"而扮演"批发商"的角色,即利用社会的资源及其机能去引导高新技术企业的运营,例如鼓励银行及其他私人投资者提供更多的风险资金等。为了鼓励银行向风险投资企业贷款,美国选择了政府担保的手段。如联邦政府1953年成立的中小企业管理局承担对高新技术中小企业的银行贷款担保,贷款在15.5万美元以下的提供90％的担保,贷款在15.5万~25万美元的提供85％的担保。1993年美国国会通过了一个法案,该法案规定,银行向风险企业贷款可占项目总投资的90％,如果风险企业破产,政府负责赔偿90％,并拍卖风险企业的资产。欧洲一些国家把贷款、贷款贴息,担保和股权投资作为风险投资业发展的重要金融手段。英国于1981年推行了具有法律效力的信贷担保计划(LGS),其目的是支持银行向高新技术小企业提供中、长期贷款。英国工贸部为借款人提供担保,一旦借款人不能偿还债务,工贸部除代为偿还贷款外,还支付2.5％的年息。因而一般的商业银行都设有对技术创新型企业的特殊服务项目,这些企业只需要在当地商业银行咨询了解,就可知道有哪些资金可利用,并较快解决资金的问题。在英国还有两个主要民间风险资金渠道可供中小企业利用:一是风险资金公司;二是企业天使。风险资金公司是专业化组织,主要投资于大一些的公司,投资额从几千英镑到上百万英镑。而企业天使是指个人投资者,主要是对比较小的公司早期起步阶段的少量投资,投资额一般为1万~10万英镑。由于英国有较完善的投资体系,所以对英国的科技型企业来说有广泛的筹措资金渠道,以满足企业不同发展阶段的需要。法国除了对高新技术小企业给予1.5％的贷款利率补贴之外,还专门为新办的创新企业提供特别的计划贷款,这种贷款贴息率相当高。德国也以低于市场利率的利率向高新技术小企业提供资金援助。丹麦、荷兰和芬兰等国家采取的是对股权投资资金进行部分担保。日本政府的金融机构和基金会都针对科技型企业研发项目提供优惠信贷。日本开发银行对高新技术企业的贷款年限可长达25年,贷款额的一般的利息可按7.3％计算(普通利率为8％～8.5％),小企业金融公库还针对高新技术小企业发放期限为25年,年息2.7％的特别贷款。日本通产省规定对企业进行研究开发活动,政府给予50％的补贴,企业购置用于特定高新技术开发的机械设备和建筑物及附属设施,价值在10亿日元以内的,实行5年期特别折旧。

4. 小结

综上所述,各国推动企业成为技术创新主体的政策实践主要在以下几个方面:一是建立健全企业技术创新扶植政策体系,通过法律确定企业技术创新的主体地位。二是创建企业技术创新的融资环境。三是加强对企业技术创新的市场引导。四是对企业技术创新所需信息、技术和人才等方面给予大力扶植。

第四节　技术创新主体建设的相关政策法规和战略回顾

本节从国家和地方两个层面回顾技术创新主体建设的相关政策和战略。

一、国家层面技术创新主体建设相关政策法规和战略回顾

1996年国家经贸委制定的《技术创新工程》[①]方案中,在指导思想和工作原则中提出"坚持企业是技术创新的主体",目标是"要初步形成以企业为主体,政府宏观指导、社会服务组织积极参与以及各方面协同配合的技术创新体系及运行机制,显著提高企业的创新能力、市场竞争能力、经济效益"。国务院2006年1月颁行了《国家中长期科学和技术发展规划纲要(2006—2020)》[②]及配套政策,明确提出"使企业成为自主创新的主体"。2007年12月修订的《中华人民共和国科学技术进步

①　国家经贸委.《技术创新工程》方案[J].企业管理,1996(11):12-13.
②　国务院.国家中长期科学和技术发展规划纲要(2006—2020年)[EB/OL].[2006-09-02].http://www.gov.cn/jrzg/2006-02/09/content_183787.htm.

法》专列"企业技术进步"一章,强调要建立以企业为技术创新主体的"官产学研"相结合体制,通过企业内部设立研发机构的、企业研发的横向联合与产学研合作等措施提高企业的自主创新能力。2009年6月科学技术部、财政部等六部委联合发布的《国家技术创新工程总体实施方案》①,提出"形成和完善以企业为主体、市场为导向、产学研相结合的技术创新体系,大幅度提升企业自主创新能力,大幅度降低关键领域和重点行业的技术对外依存度,推动企业成为技术创新主体,实现科技与经济更加紧密的结合"。2009年9月国务院颁布了《关于进一步促进中小企业发展的若干政策意见》。2011年5月12日科学技术部颁布的《关于进一步促进科技型中小企业创新发展的若干意见》,提出"科技型中小企业是我国技术创新的主要载体和经济增长的重要推动力量",全面肯定了科技型中小企业在我国技术创新体系中的重要作用。党的十八大报告指出"深化科技体制改革,推动科技和经济紧密结合,加快建设国家创新体系,着力构建以企业为主体、市场为导向、产学研相结合的技术创新体系。"2012年9月,中共中央、国务院印发了《关于深化科技体制改革加快国家创新体系建设的意见》(中发〔2012〕6号),提出"确立企业在技术创新中的主体地位,企业研发投入明显提高"。2013年1月国务院办公厅发布了《关于强化企业技术创新主体地位全面提升企业创新能力的意见》(国办发〔2013〕8号),提出"建立健全企业主导产业技术研发创新的体制机制,促进创新要素向企业集聚,增强企业创新能力","到2015年,基本形成以企业为主体、市场为导向、产学研相结合的技术创新体系。"十八届三中全会《决定》指出:"建立产学研协同创新机制,强化企业在技术创新中的主体地位,发挥大型企业创新骨干作用,激发中小企业创新活力,推进应用型技术研发机构市场化、企业化改革,建设国家创新体系。"2015年3月,中共中央、国务院发布了《中共中央国务院关于深化体制机制改革加快实施创新驱动发展战略的若干意见》,将"营造激励创新的公平竞争环境,充分发挥企业和个人在创新中的主体作用"作为重要内容之一。

从以上国家相关政策文件可以看出,认为企业"是"技术创新的主体,目前还只是理论上的认识和实践中努力的目标,实际上,正因为企业尚没有成为真正意义上的技术创新主体,因此才要"形成""建立""形成和完善",鼓励和支持企业真正地

---

① 科技部,教育部,财政部,等.关于印发《国家技术创新工程总体实施方案》的通知[J].国务院国有资产监督管理委员会公告,2009(7):53-59.

"成为"技术创新的主体。

二、地方层面技术创新政策

2012 年,江苏省出台了《中共江苏省委江苏省人民政府关于加快企业为主体市场为导向产学研相结合技术创新体系建设的意见》,提出"深化科技体制改革的中心任务,是解决科技与经济相结合的问题,推动企业成为技术创新主体,增强企业创新能力。企业是科技与经济结合的战略支点,企业强则国家强。只有确立企业技术创新主体地位,才能准确把握创新方向,有效整合产学研力量,使各类创新主体各得其所、各展其长,从整体上提高自主创新能力"。南京市在学习领会国家和江苏省有关技术创新创业工作的政策和精神后,结合本市具体情况在不同时期也相应地制定了南京市技术创新体系方面的政策,主要包括:2012 年 1 月 19 号,江苏省科学技术厅、江苏省教育厅、中共南京市委、南京市人民政府联合出台了《深化南京国家科技体制综合改革试点城市建设打造中国人才与创业创新名城的若干政策措施》(简称"科技九条")鼓励科技人员到南京紫金科技创业特别社区创办科技创业型企业,推动科技创业。2012 年 11 月 1 日,南京市出台了《中共南京市委南京市人民政府关于加快企业为主体市场为导向产学研相结合技术创新体系建设的实施意见》(宁委发〔2012〕63 号),提出"强化企业技术创新主体地位,提升自主创新能力","推进产学研协同,支撑企业技术创新"。

2014 年 6 月,广东省委省政府出台《关于全面深化科技体制改革加快创新驱动发展的决定》(以下简称《决定》)。该《决定》是十八届三中全会之后,全国首个地方颁布实施的关于深化科技体制改革、实施创新驱动发展战略的顶层设计和纲领性文件。《决定》从知识创新、技术创新、协同创新、产业创新、转化应用、环境建设六个方面重点推进、精准发力,出台了"一揽子"政策。《决定》强调发挥科技创新支撑引领作用,促进经济社会转型升级。同时,要求把推动企业成为技术创新主体、增强企业创新能力作为重中之重,如遴选有条件的企业牵头组织实施产业导向类科研项目;实施大中型企业研发机构全覆盖计划,到 2020 年大型骨干企业普遍建有企业研究开发院;充分发挥科技型中小企业创新基金引导作用,通过贷款贴息、研发资助等方式重点支持种子期、初创期中小微企业技术创新活动。《决定》还提出实施原始创新能力培养计划,积极发挥高校在基础研究方面的生力军作用,加强重大科学前沿和战略高技术研究部署,实现重点突破。首次在省级政策层面提出探索实施创新券制度,实施广东省科技业务管理阳光再造行动。

2013 年,湖北省制定出台了《促进高校院所科技成果转化暂行办法》(以下简称"科技十条")。按照"实惠归个人,荣誉归学校、利益归社会"的原则,湖北"科技十条"对科技成果类无形资产处置方式、收益分配机制进行了四个方面的突破性改革:一是改革科技成果类无形资产处置方式。将职务科技成果的使用权、经营权、收益权授予高校、院所的研发团队。科技成果处置后仅需报所在单位和财政部门备案。二是改革科技成果转化收益分配。高校、院所研发团队在鄂实施科技成果转化、转让的收益,其所得不得低于 70%,最高可达 99%。三是改革科技人员创新创业人事管理政策。四是改革科技人员职称评审指标体系。

南京市在学习领会国家和江苏省有关技术创新创业工作的政策和精神后,结合本市具体情况在不同时期也相应地制定了南京市技术创新体系方面的政策,见表 2 - 3 所示。

表 2 - 3 2012—2015 年南京市代表性促进技术创新企业化建设文件一览

年份	文件	相关内容
2012	《深化南京国家科技体制综合改革试点城市建设打造中国人才与创业创新名城的若干政策措施》(简称"科技九条")	鼓励科技人员到南京紫金科技创业特别社区创办科技创业型企业,推动科技创业
	《中共南京市委南京市人民政府关于加快企业为主体市场为导向产学研相结合技术创新体系建设的实施意见》(宁委发〔2012〕63号)	"强化企业技术创新主体地位,提升自主创新能力","推进产学研协同,支撑企业技术创新"
	市政府关于印发南京市国际企业研发园建设三年行动计划(2013—2015 年)的通知(宁政发〔2012〕303 号)	支持、引导研发园内企业和国外大学、科研院所、跨国企业开展联合研究工作,提高园区企业国际创新能力和竞争力。
	市政府关于印发南京市科技创业特别社区(紫金人才特区)建设三年行动计划(2013—2015 年)的通知(宁政发〔2012〕307 号)	集聚和培育一批具有高速增长潜力的创新型企业,以创新型企业群体带动高新技术产业、新兴产业集群发展
2013	市政府关于进一步推动科技成果向企业转化的实施意见(宁政发〔2013〕255 号)	充分发挥本市企业在技术创新决策、投入、研发与产业化的主体作用,引导企业加大投入,牵头组织应用技术成果研发与产业化,推动科技成果向应用转化、向企业转化

年份	文件	相关内容
2014	市政府办公厅关于印发《南京市科技创新券实施管理办法（试行）》的通知	"创新券用于企业向高校、科研院所、相关科技平台购买科技服务、科技成果以及实施科技成果转化项目的相关科技创新支出"，"创新券采取无偿资助的方式支持企业科技创新"
	中共南京市委南京市人民政府关于大力实施创新驱动发展战略当好苏南国家自主创新示范区建设排头兵的意见	切实推动企业成为技术创新决策、研发投入、科研组织和成果转化的主体
	中共南京市委南京市人民政府关于加快建设知识产权强市的意见	鼓励企业与高校、产业研究院、科研院所合作，面向战略性新兴产业，开展产业关键共性技术攻关和原始创新，努力创造一批支撑产业发展的自主知识产权创新成果，努力在科学技术前沿领域获取具有战略储备价值的知识产权，加快提升产业核心竞争力

第三章　协同创新视域下技术创新主体企业化的影响因素分析及模式选择

本章综合已有文献对对影响企业技术创新因素的分析,从整体上把握企业的技术创新的影响因素,并对南京市协同创新视域下技术创新主体企业化的影响因素进行了实证分析。

第一节　协同创新视域下技术创新主体企业化影响因素的理论分析

本节综合已有文献对对影响企业技术创新因素的分析,从整体上把握企业的技术创新的影响因素。

影响因素的界定

技术创新是一个多要素互动的过程,它既具有整体性、集合性、层次性、相关性等特征,又具有开放性、动态性、不确定性、自组织性等复杂性。影响企业技术创新的因素众多纷杂,一方面有企业外部的影响因素,如政府政策、市场环境、社会资本因素等;另一方面有企业内部的影响因素,如企业创新投入、企业规模、企业文化等,这些因素共同影响着企业技术创新。因此,我们综合已有文献对对影响企业技术创新因素的分析,从整体上把握企业的技术创新的影响因素。本文运用系统的观点与方法,从以下五个方面论述了企业技术创新的影响因素。

(一) 企业创新投入因素

在经济全球化的背景下,企业以技术引进、购买设备等渠道的技术转移和内部研发投入相互作用,也成为提升企业创新能力的重要途径。企业技术创新投入因素可以归结为人力投入和财力投入。

1. 研发经费投入

技术进步的原动力是研究与开发(R&D),R&D 投入对企业技术创新的作用体现在研发的各个环节。从目前学者们的研究来看,有足够的资料可以证明R&D投入与企业技术创新呈现高度正相关关系(Griliches,1986;Harhoff,1998,等)①。此外,资金投入还意味着企业有足够的能力来引进世界先进的生产设备和一流工艺流程,吸引留住高素质的技术创新人才。

2. 创新人员投入

舒尔茨(1999)②指出,企业技术创新是一项系统工程,必须要有高技术人才的研发、全体员工的积极配合、创新团队的全力拼搏。大量学者研究证明了人力资本在企业生存与发展中的重要性。在知识经济时代,资金投入和生产设备投入只是技术创新的必要条件,人力资本投入才是充分条件,对企业创新起着决定性的作用。

(1)企业创新人员与技术创新。企业研发人员是技术创新的主要承担者和最终实现者。企业研发人员知识更新和思维开拓性决定了他们发现技术创新机会可能性,在企业内部推广新技术的高效性。创新营销人员负责将企业技术创新成果与市场需求紧密联系,其对市场需求的敏锐洞察力决定了技术成果转化的成功率。

(2)企业家与技术创新。企业家在企业技术创新中居于主角和核心地位,是企业创新的组织者和推动者,是实现企业创新的灵魂。熊彼特曾高度强调企业家在创新中的作用,他认为勇于创新和敢于冒风险是企业家的基本特质。在进行技术创新决策时,优秀的企业家必须发挥自己的学习能力、管理能力、沟通能力,在企业技术创新战略选择上作出更为准确的预测和判断;他们可以整合企业内外部优质资源,重视外部的市场机会;他们敢于冒险,也懂得怎样规避风险。Jung 等人研究发现,企业家的特质对企业的创新能力具有积极影响,因为具有转换领导力和高成就需要的企业家通常设定富有挑战性的目标,总是寻求更好完成工作的方法,在开展创新项目上从不犹豫。另一方面,优秀的企业家对企业声誉和目标的重视以及其任期和教育程度也与创新正相关。

---

①　Z. Griliches. Productivity, R&D, and Basic Research at the Firm Level in the 1970's[J]. The American Economic Review,1986,76(1):141-154;D. Harhoff. R&D and Productivity in German Manufacturing Firms [J]. Economies of Innovation and New Technology,1998(6):29-49.

②　舒尔茨. 论人力资本投资[M]. 北京:北京经济学院出版社,1999.

(二) 企业内部治理因素

公司治理是指通过一套包括正式或非正式的、内部或外部的制度或机制来协调公司与所有利益相关者之间的利益关系,以保证公司决策的科学化,从而维护公司各方面利益的一种制度安排。华锦阳(2002)[①],通过分析公司治理对技术创新产生的各方面影响,指出公司治理作为一种制度框架,对企业的技术活动具有根本性的决定作用。在总结前人的研究结果基础上,对企业技术创新有影响的企业内部治理因素,我们归纳为:企业规模、企业资本结构、董事会规模、企业产权结构、企业研发激励机制、企业组织、企业文化与企业创新战略七个因素。

1. 企业规模

企业规模是指生产资料等生产要素和产品产量在企业中的集中程度。企业中劳动力数量越大,研究和开发的劳动生产率就越高,创新效率也越高。Schumpete(1943)[②]认为大企业通常比小企业创新能力强,这是因为大企业资金实力雄厚、技术基础好、管理水平高以及人员的素质较高,且能获得较高的技术创新规模效益,有更多的资源从事创新,所以会比小企业更支持有风险的创新活动。但是,Mansfiele(1996)[③]认为小企业更倾向于寻找创新机会,在机制上对创新的反应显得更为灵活,有很强的模仿能力,可以很快调整其创新方向。

2. 企业资本结构

资本结构是指企业各种长期资金筹集来源的构成和比例关系。企业的技术创新投入具有不确定性和投资周期长等风险特征,需要投入巨额的资金,并且不能在短期内获得现金流入。如果企业依靠大量举债进行创新活动,必将面对较高的债务利息的压力;高负债的公司也面临着较高的破产风险。因此,公司一般不倾向于以负债来支持创新投资,而更多地是寻求内部资金支持创新投资。

3. 董事会规模

徐金发和刘翌(2002)[④]研究表明,董事会规模与企业技术创新之间呈现倒 U 形曲线关系。当董事会规模从零开始扩大时,对技术创新的正效应大于负效应,企

① 华锦阳. 试论公司治理对企业技术创新的影响[J]. 自然辩证法通讯,2002(1):52-57.

② Schumpeter, Joseph. Capitalism, Socialism and Democracy [M]. London:George,1943.

③ Mansfield E, Lee J H. The Modern University:Contributor to Industrial Innovation and Recipient of Industrial R&D Support. Research Policy,1996(25):1047-1058.

④ 徐金发,刘翌. 企业治理结构与技术创新[J]. 科研管理,2002(5):59-63.

业技术创新水平提高;当董事会达到一定规模后,企业技术创新水平最高,随后随着董事会规模扩大,对技术创新的负效应大于正效应,企业技术创新水平下降。董事会规模扩大后,使得具有不同背景、经历以及专业知识的人士进入董事会,能够对企业技术创新有更加清晰的认识,会在一定程度上降低企业技术创新的风险,从而对企业技术创新活动产生积极影响。但是董事会规模的扩大到一定程度,使得董事会成员之间由于存在协调困难,使得决策缓慢,错失实施技术创新的最好时机,这样董事会规模的扩大必然导致创新效率低下。

4. 企业研发激励机制

在整个技术创新过程中,研发人员是最为核心的因素,其对企业的贡献一方面体现在直接为企业带来当期利润与市场价值,另一方面体现在可以提升企业知识存量,为企业获取持续的技术创新能力和竞争优势做铺垫。张望军等(2001)[①]发现工资报酬与奖励是科技员工的首要激励因素。卫继云(2004)[②]发现,薪酬汇报和奖励最能激发企业员工的工作热情和潜力。所以企业研发激励机制与企业技术创新密切相关。

总结前人研究结果,企业制定研发人员激励机制时应该综合考虑其可行性和操作性,既要有足够的薪酬激励力度,使企业盈利的风险收入在研发人员的报酬中占据相当的比重,并将研发人员的收入与企业的创新收益挂钩,又要注重精神表彰激励,使研发人员有工作成就感和荣誉感。

5. 企业组织与企业文化

Koberg 等人(2003)[③]在以往学者的经验研究的基础上,进一步研究表明,企业授权结构、柔性结构和企业内部不同职能部门之间的交往对创新存在积极影响,而组织结构的正式程度和决策制定的集中程度对创新影响并不清楚。对这些结论作出的解释是:这些变量与创新的关系可能受到企业所处的生命周期的影响。正式化能使年轻的企业更好得阐明任务,有利于他们缩小关注范围,集中利用有限资源,促进效率提高士气,同时增加创新。并且,这些企业中的集中决策会向企业家

---

① 张望军,彭剑锋.中国企业知识型员工激励机制实证分析[J].科研管理,2001(11):90-96.

② 卫继云.试论国有企业高级技术人员的薪酬改革[J].天津科技,2004(2):32-34.

③ Koberg C S. An Empirical Test of Environmental, Organizational, and Process Factors Affecting Incremental and Radical Innovation[J]. Journal of High Technology Management Research,2003,14(1):21-45.

提供必需的自由来进行决断和配置资源,从而有利于推进创新。相反,在年龄大的企业中,由于太过宽广的活动范围和较长的命令链,复杂的正式化和决策集中程度会削弱企业的创新能力。

文化是在长期的组织活动中形成的特定的价值观和基本信念,这种价值观和信念指导组织的一切活动与行为。企业文化是在企业生产经营活动中体现企业目标、企业精神、企业价值观和决定企业命运的行为准则。企业文化能够挖掘人的潜力,最大限度地调动人的积极性,强调人的价值的实现,因而能在企业内部产生一种强大的凝聚力和推动力。Baldvin 和 Johnson(1996)[①]研究发现,企业技术创新与全面质量管理,也就是适宜创新的企业文化显著正相关;企业必须将持续改进的创新文化融入到组织中每一个员工的价值观中,使企业在舒适和谐的氛围中进行创新,企业才能更好地发展。

(三) 企业创新意愿因素

1. 企业盈利能力

企业都具有逐利性,盈利是企业生产经营的最终目标和核心目的。根据生命周期理论,一款新产品从成功研发到上市销售,再到被其他产品替代推出市场,其给企业带来的价值是不断衰减的,任何产品都需要借助技术创新来不断变化更新,以适应消费者的需求。企业的盈利能力与技术创新密切相关。另一方面,企业创新活动的风险性和高投入性决定企业创新需要大量的资金支持。企业盈利能力越强,产品的利润率越高,企业资金越宽裕,可用于研发的投入资金就越多,也就越利于开展创新活动。可以看出,企业的盈利能力对企业技术创新的重要性是毋庸置疑的。企业盈利能力在一定程度上反映了企业技术创新效率,反过来,这种能力和效率的水平对于企业能否持续进行技术创新也起到关键的推动作用。企业盈利能力指标显然对于企业技术创新具有重要意义。Zahra(1993)[②]认为二者之间存在显著正相关关系,因为过去的好绩效能向企业提供必要的资源,鼓励它们创新,以保持其竞争地位,提高市场份额和利润。

[①]　Baldwin J R, Johnson J. Business strategies in more and innovation firms in Canada. Research Policy,1996(25):785 - 804.

[②]　Zahra S A. New Product Innovation in Established Companies:Associations with Industry and Strategy Variables. Entrepreneurship Theory and Practice Winter,1993(18):47 - 69.

2. 企业创新战略

许多学者都认识到企业战略对企业技术创新行为存在影响。Veugelers 和 Cassimaa(1999)①研究发现,战略能把创新性企业与非创新性企业区分开来,不论企业选择多元化还是专业化发展战略,为了在市场上保持竞争力,企业除了不断创新外没有其他选择。Proter(1990)②根据企业的竞争优势,区分了两种普通的竞争优势:差异化和成本领先。经研究发现,差异化战略与技术创新正相关,成本领先战略与技术创新不相关。内部研发与高水平技术创新创新人员被广泛认为是创新的一个重要的决定因素。

(四) 政府政策因素

政府在企业技术创新中的作用是不容忽视的,加大政府对技术创新的干预和引导已是全球共识。西方学者在 20 世纪五六十年代就开始关注政府补贴对企业创新行为的影响,对政府行为对技术创新的影响研究较多。以道格拉斯-诺斯为代表的新制度经济学家重视制度交替演进对社会经济发展的推动作用。他们认为,制度创新通过设计一定的法律与制度,可以把相互交易费用降低到可承受水平,从而使与先进技术相关联的生产活动得以正常运行。制度创新引起的制度变迁能够优化创新系统结构,在其他投入要素保持不变的条件下,制度演进所形成的更富有效率和激励作用的制度安排,可以引导创新要素合理流动,优化资源配置,提高各种要素的产出效率,实现内涵式的集约化增长。在目前企业竞相研发环境下,企业能获得超额利润只是一个短期效应,因为企业的超额利润会被随后的其他技术创新所破坏。并且,企业技术创新活动都是在不确定的情况下投入较高的研发费用,因而完全依靠市场机制就会存在创新动力不足问题,这就需要政府对企业研发行为进行干预。政府干预研发活动可以推动国家的创新活动,使企业技术创新效率达到最优。

政府支持企业技术创新的主要方式有公共研究、税收优惠和对企业技术创新项目会机构的直接资助。公共研究是指政府部门引导企业全资或部分出资支持高校、研究机构和单位(如国家重点实验室)展开创新基础研究和应用研究。税收优

---

① Veugelers R,Cassiman B. Make and Buy in Innovation Strategies:evidence from Belgian Manufacturing Firms. Research Policy,1999(28):63－80.

② Michael E. Proter. The Competitive Advantage of Nations. The Free Press,1990.

惠是指政府根据企业技术创新的实际情况实行的税收优惠政策,主要包括研发税收优惠政策、科技型中小企业投资者税收政策、股权激励税收优惠政策、技术交易税收优惠政策等等。政府直接资助是指国家向实行技术创新的企业和科研机构直接拨入科研经费或是由政府担保提供银行贷款等。一般而言,这项政策主要针对国家自主知识产权项目或者有高收入预期的技术项目。政府直接支持政策对创新型企业有很强的支撑和推动作用,促进了企业技术创新。

此外,政府对技术创新的支持更多地体现在制度建设上,即为企业技术创新创造适宜的外部环境。比如,知识产权保护制度对于推动科技进步与技术创新的起着不可忽视的作用。Lederman 和 Maloney(2003)[①]发现,越强的知识产权制度对研发强度具有越明显的正面影响。企业善于利用自己的先进技术来构筑竞争的优势,形成核心竞争能力,才能使得企业更好地长远发展。

综上所述,完善信贷政策、健全风险投资体制、实施宽松的金融政策与优惠的税收政策、重视知识产权保护制度、加强政府对产学研保护和企业部门的技术创新直接支持,都是政府对企业技术创新行为有力的支持。

(五) 市场环境因素

市场是由市场参与者所形成的一种复杂的商品交换关系。不同的市场环境会影响企业的市场行为,从而影响企业技术创新活动。良好的市场环境是技术创新的基础,只有在各方面都规范、公平,有利于技术创新的市场环境中,才能对企业的技术创新活动起到激励作用,促进企业的生存和发展。良好的市场环境是以完善的市场制度为基础的,从而健全市场经济体制,并形成完善的市场机制。对企业技术创新有影响的市场环境因素有市场制度、市场集中度。

1. 市场制度

拥有一个完善的市场制度是良好市场环境的基础,完善的市场制度发挥着提供信息、决定收入分配及经济激励等功能,促进企业在市场机制的调控下,以市场交易为手段,不断寻求创新机会,对各种生产要素按照新的生产需求来进行创新组合。完善的市场制度将公平地决定和分配技术创新者的所得,促进企业技术创新内在动力的萌发。完善的市场制度中,企业必须遵守优胜劣汰的市场竞争原则,所

---

① Lederman D, Maloney W F. R&D and Development[R/OL]. [2003-4-16]. World Bank Policy Research Working Paper No. 3024,http://ssn. com/abstract=402480

以企业要想生存发展下去,就必须不断创新,在竞争中取胜。完善的市场制度中,鼓励和保护规范竞争,打击不正当竞争,打破垄断主义和地方保护,使企业能够有效利用自身资源,加大对技术创新的投入力度,从而形成独特的核心竞争力,保持优势地位。

2. 市场需求

市场需求动力是指企业技术创新主要受市场需求的引导,企业必须通过技术创新以适应不断变化的市场需求,从而获得利润。消费者的偏好导致现实需求对企业的生产经营活动产生挤迫力,客观上要求企业积极采用新科技和新工艺,努力调整产品结构,以适应市场需求结构的变化来获得利润,以求得企业的长远生存与发展。

3. 市场结构

市场结构与技术创新之间有着密切的关联。在完全竞争的市场中,各企业面临同样的环境,具有同等的机会,更易感受到竞争者由于采用技术创新获得超额利润所带来的压力。在垄断的市场中,垄断者比起完全竞争者更具有优势,能将超额利润用于创新开发。但是超额利润也可用来维持不需采用创新的生存,或是利用垄断势力采取一系列手段,如从专利、版权、注册商标、销售渠道等方面来阻止竞争者模仿创新,从而阻抑技术创新。Schumpeter(1943)[1]认为垄断与研发有着密切的联系,高市场集中度的产业更有助于激励企业的研究开发。而Arrow(1962)[2]则认为竞争性市场环境会给企业研发带来更大的激励,在一定程度上垄断的市场结构不利于企业的技术创新投资。目前,多数的研究并不支持垄断性市场结构有利于提高研发效率的观点。吴福象(2006)[3]研究我国工业企业创新行为与产业集中度的关系,得出结论认为企业创新最为活跃的是寡头垄断型市场结构,而产业集中度偏低、企业规模差异较小,是制约我国工业企业创新行为的主要因素。不同的学者对这一问题有不同的看法,但市场结构对技术创

[1]　Schumpeter, Joseph. Capitalism, Socialism and Democracy [M]. London:George,1943.

[2]　Arrow. Economic Welfare and the Allocation of Resources for Invention in National Bureau of Economic Research, The Rate and Direction of Inventive Activity [M]. Princeton: Princeton University Press, 1962.

[3]　吴福象,周绍东.企业创新行为与产业集中度的相关性基于中国工业企业的实证研究[J].财经问题研究,2006(12):29-33.

新的重要性无可置疑。

综上所述,产学研协同创新推动企业成为技术创新主体过程中涉及诸多因素,区域创新理论中创新体系涉及因素界定为人才、资金、技术、企业、政府、院所、技术创新、管理创新、制度创新、产品、产业、环境十二个方面,据此可进一步构建出产学研协同创新推动企业成为技术创新主体的影响要素模型,如图3-1所示。产学研协同创新推动企业成为技术创新主体的影响要素分为三大部分,第一部分是企业、政府、院所制度要素:技术创新、管理创新、制度创新;第二部分是企业、政府、院所投入要素:人才、资金、技术;第三部分是企业、政府、院所面临的市场环境要素:市场需求、市场制度、市场结构。

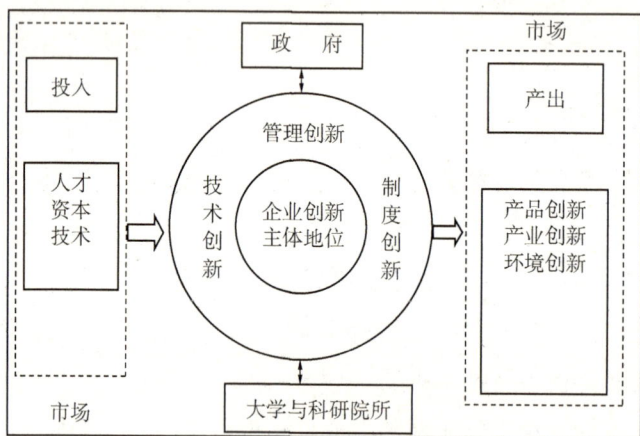

图3-1 产学研协同创新推动企业成为技术创新主体的影响要素模型

第二节 协同创新视域下技术创新主体企业化影响因素的实证分析

本节根据已有文献及以上理论分析,建立了企业技术创新的影响因素理论模型和计量模型,利用南京科技统计年鉴数据和课题组问卷调研数据,实证分析了南京市协同创新视域下技术创新主体企业化影响因素。

一、模型、变量与数据

根据已有文献及以上理论分析,本文建立了企业技术创新的影响因素理论模型:

企业技术创新能力＝F(企业创新投入因素、企业内部治理因素、企业创新意愿因素、政府政策因素、市场环境因素)

本文的模型借鉴柯布-道格拉斯(Cobb-Douglas)生产函数:

$$Y = A(t)K^{\alpha}L^{\beta}\mu$$

其中,Y 是工业总产值;$A(t)$ 是综合技术水平;L 是投入的劳动力数;K 是投入的资本;α 是资本产出的弹性系数;β 是劳动力产出的弹性系数;μ 表示随机干扰的影响。

参考已有文献研究成果(吴延兵(2006)[①],周亚虹、许玲丽(2007)[②]),采用柯布-道格拉斯生产函数模型辅以多元线性回归模型,得到基本计量模型如下:

$$\ln Y^* = \alpha + \beta_1 \ln X_1 + \beta_2 \ln X_2 + \beta_3 \ln X_3 + \beta_4 \ln X_4 + \beta_5 \ln X_5 + \beta_6 \ln X_6 + \beta_7 \ln X_7 + \mu$$

其中 Y^* 代表的是技术创新产出,X_1 代表的是企业 R&D 经费投入,X_2 代表的是企业技术人员占全部员工比例,X_3 代表企业的资本结构,X_4 代表的是企业规模,X_5 代表的是盈利能力,X_6 代表政府支持力度,X_7 代表的是行业集中度。在建立模型时,由于技术创新产出、企业 R&D 经费投入、企业规模三个变量的代表数值为绝对数,其他数值均为相对数,为避免数据相差过大同时借鉴前人的处理方法,本文将这三个变量进行了取对数处理。

(一) 变量设定

1. 因变量选择

从现有文献看,学者们普遍采用专利申请授权数和新产品销售收入指标来衡量技术创新能力。根据本文的实证研究需要,鉴于数据收集的可靠性和准确性,同时又能反映出技术创新产出,本文借鉴吴玉鸣(2006)[③]的分析方法,将企业专利申请授权数作为因变量。

2. 解释变量选择

根据已有文献和数据的可得性,本书选取的解释变量解释及预期方向见表 3-1 所示。

① 吴延兵. R&D 与生产率—基于中国制造业的实证研究[J]. 经济研究,2006(11):60-71.

② 周亚虹,许玲丽.民营企业 R&D 投入对企业业绩的影响——对浙江省桐乡市民营企业的实证研究[J].财经研究,2007,33(7):102-112.

③ 吴玉鸣.空间计量经济模型在省域研发与创新中的应用研究[J].数量经济技术经济研究,2006(10):23-34.

表 3-1　解释变量说明及预期关系

变量名称		解释变量含义	预期方向
企业创新投入因素	企业研发投入（X_1）	企业研发强度＝企业研发投入/企业主营业务收入	＋
	企业研发人员（X_2）	企业研发人员占比＝企业研发人员/员工比例	＋
企业内部治理因素	企业资本结构（X_3）	资产负债率＝总负债/总资产	＋/－
	企业规模（X_4）	企业主营业务收入	＋/－
企业创新意愿因素	企业盈利能力（X_5）	企业利润率＝净利润/主营业务收入	＋
政府政策	政府支持力度（X_6）	政府专项资助企业研发经费/企业研发总投入	＋
市场环境	行业集中度（X_7）	四厂商集中度（CR4）＝行业前四名收入/行业总收入	＋/－

（二）数据来源

本文所使用的数据有两个来源：一是南京市科技统计年鉴；二是南京市软科学基金项目"产学研协同创新推动南京企业成为技术创新主体的路径与机制研究"课题组通过南京科技部门和行政学院系统于 2013 年 12 月至 2014 年 3 月在江苏省南京市进行的问卷调查。课题组共发放问卷 800 份，收回有效问卷 106 份。该调查问卷的设计具有以下特点：① 系统性。在参考国内外类似问卷调查的基础上，结合南京企业的实际情况设计了调查问卷，问卷问题涉及企业区位、企业规模、企业性质、企业研发、政府政策实施情况等各方面内容，所得样本信息较为全面系统。② 客观性。问卷问题基本不涉及企业技术或商业秘密、个人收入等问题，对企业填表人员虚假性填报的激励程度较小，且企业所填销售收入、研发支出等指标属于财务报表公开信息，便于多渠道核实，所得样本数据较为客观可信。③ 代表性。为了使调查对象更具有代表性，我们选取的企业在企业性质上包括高新技术企业和非高新技术企业，其中高新技术企业占 54.5％，非高新技术企业占 45.5％。本书部分数据来自于《南京科技年鉴（2013）》、《南京统计年鉴（2013）》。

二、实证结果分析

（一）相关性分析

为检验各变量间是否存在着多重共线性，本文对各变量进行相关性检验，得出结果如表 3-2 所示。

表 3 - 2　各变量之间相关系数

Y^*	X_1	X_2	X_3	X_4	X_5	X_6	X_7	
Y^*	1							
X_1	0.502	1						
X_2	0.251	0.514	1					
X_3	0.362	0.453	0.298	1				
X_4	0.467	0.29	0.227	0.17	1			
X_5	0.695	0.406	0.469	0.342	0.097	1		
X_6	0.396	0.304	0.361	0.215	0.185	0.422	1	
X_7	0.416	0.456	0.268	0.135	0.106	0.333	0.494	1

数据来源:根据课题组问卷数据计算得出

本文对加计扣除政策实施效与各影响因素之间进行相关性考查,表 3 - 3 显示了变量之间的相关系数。从表 3 - 3 可以看出,企业 R&D 经费投入、企业技术人员占全部员工比例、企业的资本结构、企业规模、盈利能力、政府支持力度、行业集中度等 7 个因素与被解释变量之间存在一定的正相关性,其相关系数在 0.251～0.695 之间,且变动方向符合预期;企业知识产权保护策略、政策申报成本与被解释变量之间存在负相关性,也与预期相符合。解释变量之间的相关系数除个别变量外多在 0.5 以下,排除了解释变量之间的多重共线性。

(二) Hausman 检验及回归

实证检验时,在不确定固定影响还是随机影响时,先建立随机影响模型,再检验该模型是否满足个体影响和解释变量不相关的假设。下面对该随机影响模型进行 Hausman 检验,Hausman 提出的检验方法(Hausman Test)用于验证面板数据模型应该设定为固定效应模型还是随机效应模型。Hausman 检验的前提是如果模型包含随机效应,它应与解释变量相关。本文运用 Hausman Test 对实证中选择的随机效应模型进行检验,模型设定检验运行结果如下:

表 3 - 3　Hausman 检验结果

Test Summary	Chi-Sq.	Chi-Sq. d. f	Prob.
Cross-section	17.688 7	7	0.001 3

由上表的检验结果可知 Hausman Test 统计量是 17.688 7,P 值是 0.001 3,在 1% 置信水平下拒绝原假设,说明随之影响模型中个体影响与解释变量相关,可以将模型设定为固定效应模型。

采用稳健估计中的怀特截面加权法（White Cross-section）进行估计，估计结果如表 3-4 所示。

表 3-4 技术创新影响因素回归分析

Variable	Coefficient	Std. Error	Prob.
C	$-17.135\ 43$	2.122 706	0.000 0
X_1	2.441 061	0.029 617	0.034 5
X_2	1.133 562	0.088 635	0.003 6
X_3	0.826 581	0.356 641	0.000 1
X_4	1.115 734	0.759 653	0.001 5
X_5	2.581 352	0.104 791	0.000 1
X_6	1.963 251	0.173 342	0.000 5
X_7	1.054 732	1.475 032	0.021 1
R-squared	0.905 39	Mean dependent var	7.270 63
Adjusted R-squared	0.902 49	S. D. dependent var	8.140 65
S. E. Of regression	0.410 28	Sum squared resid	12.624 6
F-statistic	334.372	Durbin-Watson stat	2.136 32
Prob(F-statistic)	0		

表 3-4 显示：所有影响因素中企业研发投入和行业集中度通过了 5％显著性检验，研发人员投入、企业资本结构、企业规模、企业盈利能力、政府支持等因素通过了 1％显著性检验。

（三）实证结果分析

1. 企业 R&D 经费投入与企业技术创新产出正相关

本研究中变量企业 R&D 经费投入 X_1（企业研发投入占主营业务收入比）通过了 5％水平上的显著性检验，系数为 2.441 061，说明企业研发投入占主营业务收入比每增加 1％，企业技术创新产出增加有 2.44％。这和现有文献研究结论基本认知保持一致。根据这一结果，企业应继续提高创新意识，增加企业 R&D 经费投入，提高技术创新产出水平。

2. 企业研发人力资源投入与企业技术创新产出正相关

本研究中变量研发人力资源投入 X_2（企业研发人员占比）通过了 1％水平的显著性检验，系数为 1.133 562，说明企业研发人员占比每增加 1％，企业技术创新产出增加有 1.133 562％。企业研发人员是企业技术创新的执行者，高层次、高比例的研发人员投入对企业的技术创新起着至关重要的作用。回归结果表明研发人员是技术创新的关键因素,企业必须重视研发人才的培养和引进,充分调动研发人员的积极性,以求更有效的提高企业技术创新能力。

3. 企业资本结构与企业技术创新产出正相关

本研究中变量企业资本结构 X_3（企业资产负债率）通过了 1% 水平上的显著性检验,系数为 0.826 581,说明企业资产负债率每增加 1%,企业技术创新产出增加有 0.826 581%。论证结果显示,一定程度上拥有一定额度的负债有利于提高企业进行技术创新产出。这是因为,企业技术创新活动需要大量资金投入,光靠企业自有资金不能满足创新活动需求,因此,企业需要负债筹集的一部分资金用于技术创新活动。另一方面,企业负债经营带来了企业运营压力,为了增加企业核心竞争力,获得剩余利润,摆脱负债带来的风险,企业只有加强技术创新,也就是说技术创新是企业长期发展的最优选择。

4. 企业规模与企业技术创新产出正相关

本研究中变量企业规模 X_4（企业主营业务收入）通过了 1% 水平上的显著性检验,系数为 1.115 734,说明企业主营业务收入每增加 1%,企业技术创新产出增加有 1.115 734%。这可能是因为规模较大企业在行业内综合竞争力都比较强,为了保持企业的竞争优势,企业有意愿也有资本去开展技术创新活动。国外学者,比如熊彼特很早就探讨了企业规模与技术创新之间的关系。他认为,企业规模越大,技术创新就越有效率,大企业比小企业更具创新性。事实上,技术变革过程中,新技术是逐渐取代旧技术的,在初期它并不优于旧技术,是通过不断地改进才能优于旧的生产方式;当创新的成本相对于市场规模很大时,创新的可获利性就会很低,从而创新就受到限制,反之则有利于创新。国内一些学者的研究成果也与此相同。

5. 企业盈利能力与企业技术创新产出正相关

本研究中变量企业盈利能力 X_5（企业利润率）通过了 1% 水平上的显著性检验,系数为 2.581 352,说明企业利润率每增加 1%,企业技术创新产出增加有 2.581 352%。技术创新活动具有一定风险性。当企业的盈利能力越强时,企业可利用的资金越多,企业开展技术创新活动的资金保障力就越强,企业抗风险能力也越强。同时,盈利能力强的企业一般是行业中的龙头企业或处于快速发展时期企业,为了保证行业中的领先优势或迅速成长优势,企业开展技术创新活动的意愿也较强。

6. 政府支持与企业技术创新产出正相关

政府对企业的支持有许多种方式,本文研究的是政府专项研发经费支持对企业技术创新的影响。本研究中变量政府支持 X_6(政府专项研发经费占比)通过了 1%水平上的显著性检验,系数为 1.963 251,说明企业政府专项研发经费占比每增加 1%,企业技术创新产出增加有 1.963 251%。这说明政府资金投入强度在企业研发中起到了十分重要的作用。其原因可能是政府资助的科研经费可以相对降低企业的研发成本,减少企业自主创新的风险,故而能对企业的创新活动会带来正面的刺激。特别是在当前市场经济机制尚不成熟,市场配置资源的基础性作用未能完全发挥的情况下,政府拥有大量创新资源,尤其是在科技资源配置上占据着主导地位,能够导致对企业技术创新活动资助的正面效应较明显。

7. 行业集中度与企业技术创新产出正相关

本研究中变量 X_7(四厂商集中度)通过了 5%水平上的显著性检验,系数为 1.054 732,说明企业 R&D 经费投入每增加 1%,企业技术创新产出增加有 1.054 732%。本书研究结论与吴福象等(2006)[①]的研究结论一致。

(四) 结论与建议

1. 主要结论

本书综合前人的研究成果,从企业技术创新投入、企业内部治理、企业创新意愿、政府政策支持、市场环境等五个方面定性分析了企业技术创新的影响因素,提出企业技术创新的影响因素的指标体系。实证部分借鉴道格拉斯生产函数并加以改进,建立双对数模型,采用固定效应模型对影响南京企业技术创新的各个因素进行定量分析。实证结果表明,企业研发经费投入占比、企业研发人员投入占比、企业资本结构、企业规模、企业盈利能力、政府支持、行业集中度等因素与企业技术创新产出正相关。

2. 对策性建议

(1) 提供良好的市场环境。实证研究结论显示,企业规模、市场集中度与技术创新呈显著正相关,表明在现阶段,南京市扩大企业规模、提升行业集中度有利于企业的技术创新。文献研究表明,市场集中度与技术创新两者之间存在着倒 U 形

---

① 吴福象,周绍东.企业创新行为与产业集中度的相关性基于中国工业企业的实证研究[J].财经问题研究,2006(12):29-33.

关系,说明市场集中度到达某一个峰值时,市场集中度加强就不利于企业技术创新。根据本书研究结果,目前南京企业的技术创新还处于一个成长阶段,企业规模和市场集中度对技术创新具有明显的促进作用。与此同时,要加强对知识产权的保护力度,为企业技术创新提供良好的市场环境,降低企业技术创新的风险,保持企业对技术创新的持续热情。

(2)加强政府支持技术创新的力度。实证研究数据显示,政府支持力度对企业技术创新显著正相关。南京市增加政府专项研发资助对企业技术创新有明显的促进作用。分析其原因可能是政府专项资助可以减少企业自有资金的投入,在降低经营风险的前提下,企业才更愿意进行技术创新活动。在加大政府专项资金支持的同时,南京市还应切实落实企业研发费用加计扣除政策等税收政策对企业技术创新的支持,加大信贷政策支持的力度,对技术含量高、市场预期好的创新项目降低贷款门槛,加大贷款力度,实行利息优惠。

(3)提高企业创新意识。面对经济全球化的浪潮,企业的竞争不仅是资本、原材料、机器设备的竞争,更重要的是技术和高素质人才的竞争。企业只有明确技术创新的重要作用和地位,才敢于进行技术创新,才更有可能获得创新带来的核心竞争力和经济收益,持续保持企业的竞争优势。本研究表明,企业研发经费投入对技术创新具有明显促进作用。为实现创新驱动战略,南京市企业必须将技术创新提升到公司战略的层面,加大技术创新活动的研发投入,尤其是企业自有资金的投入。

(4)重视创新人才的培养与引进。实证数据显示,企业技术开发人员比例与企业技术创新产出显著正相关。企业是技术创新的主体,而技术创新的具体行为由人员来实施。高层次的研发人员在创新过程中发挥着举足轻重的作用,与研发经费相比,技术人员投入对技术创新的影响更加重要。南京市应完善高端创业创新人才引进机制,依托海外高层次人才创新创业基地、国家自主创新示范区和留学生创业园,通过国家"千人计划"、"万人计划"等人才引进计划的实施,大力引进高层次人才来宁创新创业。同时,南京市要发挥在宁高校多、科研院所多、人力资源丰富的优势,切实落实"科技九条"等政策,加强产学研合作,提升企业技术创新能力。

(5)营造创新创业的企业文化。学者们的研究表明,企业创新文化和企业家创新精神对技术创新意义相当重要,必须在企业文化中植入创新的理念,将创新思想渗透到每位员工的大脑中。南京市组织开展各类推动企业创新创业的活动,支持科技型创业孵化器、大学科技园、众创空间、中小微企业创业基地、高校、大中型企业举办各种创新创业大赛、创新创业沙龙、创新讲堂等活动,营造良好的创新创业氛围。要发挥广播、电视、报刊、网络等各类媒介作用,多形式、多渠道加大对企业创新典型的新闻宣传和舆论引导,促使企业内部树立创新文化,将技术创新纳入企业所追求的价值体系中,成为企业价值观的一部分。

第三节 协同创新视域下技术创新主体企业化的影响路径分析及模式选择

本节在阐述协同创新视域下技术创新主体企业化影响路径的基础上,根据创新主体协同的目标或作用对象不同,分析了产学研协同创新推动企业成为技术创新主体的四种模式。

一、影响路径分析

1. 接触/沟通

企业、政府、院所要协同创新,首先应建立起双向沟通与交和共享的基础。从实践中来看,产学研接触阶段的典型行为是召开有关创新组织参加的跨组织联席会议,以便企业、政府、院所间相互了解与接触,沟通有关创新的信息。此阶段主体间还是各自独立行事,一般会通过正式定期会议、电话、网络等形式相互交流,其接触的动机一方面可能来自上级的安排,另一方面可能是基于主体自身利益的需要。企业、政府、院所均是以了解对方投入、产出、管理创新、技术创新、制度创新的情况为主。

2. 竞争/冲突

经过一定时间的接触沟通后,产学研间相互了解程度有所加深,但由于各主体为了维护各自利益,对创新协同的目标、方法、途径等存在着不同的见解:政府着重考虑区域经济效益和社会效益最大化,企业着重考虑市场利润最大化,院所着重考虑技术的竞争力。主体间由于各自所处的位置、利益以及观点不同,往往会产生一些竞争,甚至冲突,相互争夺资源、相互推卸责任、不信任对方等。政府以财政支持和税收行为为主,企业、院所以竞争和推诿指责行为为主。

3. 合作

当产学研各主体经过竞争冲突后,政府、企业、院所都意识到单独依靠自身资源和能力依然无法解决创新问题,相互竞争与冲突反而降低了各自原有的创新效率,但存在共同利益的创新任务和目标依然存在,只有合作才是主体的共同选择。政府、企业、院所围绕三方都关注的创新任务和创新利益,选择某一具体目标为合作突破点,组建跨组织团队,共同完成创新任务,进而获得相应的创新收益。政府针对某一具体目标实行专项财政支持,同时对完成目标所获得的收益实行税费减免政策;企业、院所围绕此目标相应提供部分资金、技术、人员支持,并共享彼此部分技术知识和创新产出成果,同时政府、企业、院所围绕目标建立相应地管理机制和规章制度。

4. 整合

在产学研合作创新过程中,企业、政府、院所经过某一目标或项目合作后,获得了单独依靠自身资源和能力无法取得的收益,进而刺激主体间相互合作的兴趣和意愿,并逐渐扩大到多个目标和创新领域合作中,推动企业、政府、院所之间的人才、资金、技术等创新资源相互整合,相互配套。企业、政府、院所已逐渐放弃原有的自我创新利益立场,专注于如何将合作组织成员的资源调动起来,如何最大限度发挥合作组织成员的优势,实现资源整合后的优化配置。政府不再针对某一具体目标或项目,而是建立长期全面的创新扶持基金,同时对创新合作所获得的收益实行长期税费减免政策;企业、院所围绕所达成的多项目标,力所能及地提供彼此全部资金、技术、人员支持,并共享彼此技术知识和创新产出成果;同时企业、院所围绕共同创新建立资源、平台等资源整合管理机制,政府清理创新支持制度漏洞,力求完善创新制度。

5. 协同

产学研协同过程是指为了完成联盟组织创新任务而使组织内各子系统达成一致的过程,这就要求企业、政府、院所创新价值观、愿景、相互承诺与信任都达到高度统一,形成一个完整的有机整体,达到合作创新的最优水平。产学研各主体协同行为具体如图 3-2 所示。

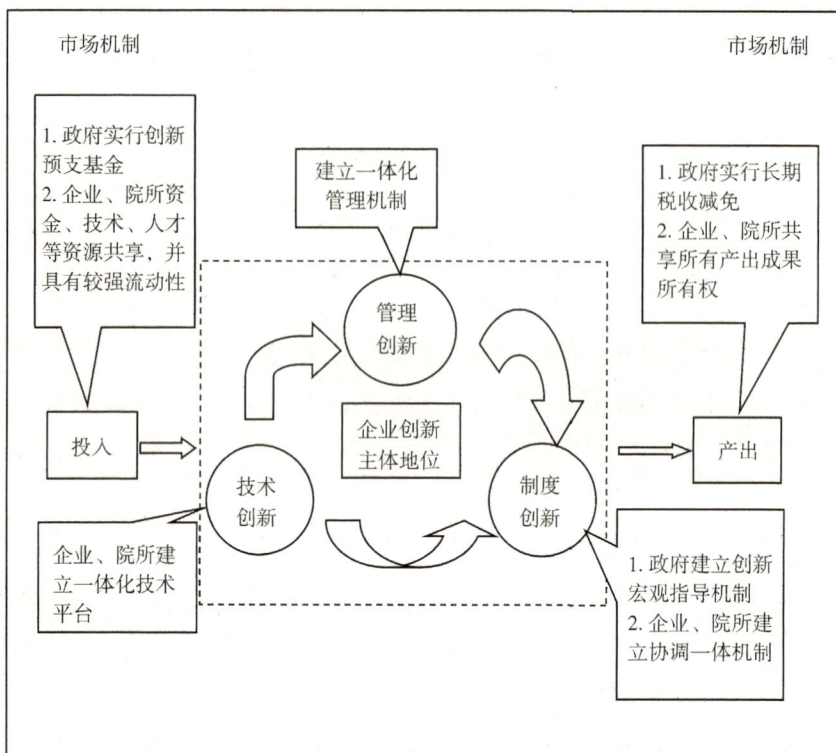

图 3-2 产学研协同创新促使创新主体企业化的过程路径分析

政府不再根据考核情况来发放创新支持基金,而是预先支付一定创新经费,由企业、院所根据项目需要自行协同创新,只是在创新宏观方向上给予一定指导,创造宽松、积极的创新环境氛围,同时依然坚持对创新合作所获得的收益实行长期税费减免政策;企业、院所在市场机制的基础上,围绕企业创新主体地位,整合资源,建立共有的一体化技术平台、一体化管理机制,实行一致性的管理制度,达到战略层面和执行层面的高度统一,形成一个完整的创新协同整体。

二、协同创新推动视域下技术创新主体企业化的模式选择

在产学研创新协同发展实践中,由于企业、政府、院所的创新诉求、创新基础、创新优势各不相同,所以产学研协同创新推动企业成为技术创新主体的模式选择也多种多样。根据创新主体协同的目标或作用对象不同,可以将产学研协同创新推动企业成为技术创新主体的模式分为共推项目合作、共建经营实体、共建战略联盟、全面协同创新(2011 协同创新中心)四大组织联盟模式,如表 3-5 所示。

表 3-5 产学研协同创新推动企业成为技术创新主体的模式

模式	共推项目合作	共建经营实体	共建产业技术创新战略联盟	全面协同创新
内容	技术转让	共建研发机构	产业链上中下游有效衔接的产业技术联盟	资源整合
	委托研发	共建重点实验室	跨行业、跨领域的综合性产业技术联盟	要素协同
	联合攻关	共建经营实体	跨国产业技术联盟	技术创新
	—	共建产学研合作平台	—	优势互补

四种模式是为满足不同的创新诉求和利益,充分发挥企业、政府、院所各自的优势,实现资源有效整合而组建起来的组织协同形式,为产学研协同创新推动企业成为技术创新主体提供了一定的路径参考。

1. 共推项目合作

项目合作模式包括技术转让、委托研发、联合攻关等,是企业初期参加产学研合作的主要形式,也被很多学者称为传统合作方式。

一是技术转让。通常是高校、机构出让技术,企业受让技术。

二是基于项目委托开发模式。政府、企业、院所当自身创新资源有限或创新能力不足时,可通过委托的方式相互借助对方优势资源和能力进行项目研究与开发。政府多是为了推动公共项目,会委托于企业或院所,从而让国家和社会都能享受到项目开发所带来的福利;而高校或院所则通过委托开发的方式实现自身无法完成的技术和产品创新,进而获得相应的利益。此种组织模式的基础是委托关系,一方提出委托需求,另一方被动接受了委托所规定的义务和利益,从而形成组织联盟。

三是基于项目合作开发模式。相对于基于委托关系形成的组织联盟,此种组织联盟模式中主体协同方式更加主动,为了共同的创新项目和利益,以合约方式共同进行开发与研究,实现了风险共担、利益共享。通过项目形式的合作交流,不仅实现了组织联盟内的资源互补,也可以提高联盟各方的研发能力和研究人员的业务水平与创新能力。

如今,产学研联合开展项目合作特别是重大项目合作,已经不同于传统的产学研结合,它更加强调通过创新链与产业链上各要素协同的手段,最终达到创新的目的。如美国的"新一代汽车合作计划",是由政府和企业出资建立的一种非竞争的官产学研合作模式,包括 758 个子课题,由 453 个单位参加,参加的企业有通用、福特和克莱斯勒三大汽车公司。英国的"法拉第合作伙伴计划",吸引了 1 200 多家企业、200多所大学和研究机构参加，成效显著。自2001年开始实施的产业群推进计划，有4 000多个中坚企业和200多所大学参加①。我国一些大型国有企业也依托国家重大工程、重点项目，聚焦关键技术的突破，整合国内外科技力量，积极开展产学研联合攻关。如宝钢集团跟上海交通大学、东北大学等八所高校开展的战略合作，累计开展项目350多项，合同金额1.3亿元②。

2. 共建经营实体

共建实体是产学研结合中最高级、最紧密的模式。共建实体的合作创新组织方式是以企业、高校、科研机构围绕共同目标，将各自的部分人力、物力、财力集中起来统筹规划、统一管理、统一使用，创造的财富在共同分享的基础上组建起来的实体性合作创新组织方式。其特点是：科学研究、技术开发、中间试验、批量生产和销售服务紧密相连，技术创新成果适用性强，应用于生产的周期短、收效快③。具体包括共建研发机构、实验室、工程技术中心等多种形式。在发达国家，共建实体正在逐渐取代技术转让、委托研究和联合开发而成为产学研合作的主导模式。如美国在大学内部建立的"大学—工业合作研究中心"、"工程研究中心"，在企业集群之间建立的研发同盟以及在大学与企业之间建立的"科技园"等，都是建立产学研共建实体的合作创新方式的成功案例。

一是共建研发机构。通过共建研究开发机构、科技研发机构、博士后工作站等，既能获得长久的技术支撑，又能为企业培养大批高水平的工程技术队伍。如首钢集团与钢铁研究总院、北京科技大学等组建了电工钢、汽车钢、宽厚板三个联合研发中心，该中心选定了三个长远的战略合作方向，主要包括电工钢、汽车钢、宽厚板等，实行了"同一个队伍、同一个机制、同一个目标、同一个任务"的组织模式，实现了以企业为主体的强强联合、优势互补，营造了高端人才的培育环境，形成了长期长效实体式产学研合作新模式。通过合作共建，不仅有效加速了首钢研发工作的进展，大大缩短了产品研发周期，并实现了批量生产，产生了实际的经济效益，同时也实现了研发队伍建设的跨越式进步，为首钢后续的发展提供了持续的动力。

二是共建重点实验室。企业、院所、政府共建重点实验室是以政府财政资金支

---

① 李泽民. 发达国家产学研合作的现状与发展趋势分析[J]. 技术与创新管理,2011(5).

② 马静. 深化产学研合作创新加快上海产业转型升级[J]. 中国科技产业,2012(2).

③ 李廉水. 论产学研合作创新的组织方式[J]. 科研管理,1998(1).

持为主,企业、院所资金为辅,企业提供偏应用性技术与设备,院所提供偏基础研究性技术与设备共同参与的一种模式。这种方式有利于企业对高校专业领域的技术创新进行持续投入,也使科研更贴近市场需求,缩短产品化周期,同时还能够为企业储备技术和人才。共建重点实验室的组织联盟模式不仅加强了院所的科研应用实力,而且加快了其技术成果的商业转化速度,从而获得持续的经费支撑,同时加快了最新技术知识向企业流动,增强了企业技术创新的持续竞争力。截至 2013 年,我国依托企业建设的国家重点实验室 99 个,国家重点试验在衔接基础研究与成果转化和产业化,加快推广和应用先进技术研究,提出国际、国家和行业标准等方面发挥着积极作用。如中广核集团与清华大学组建的"核材料及服役安全联合实验室",充分利用了清华大学材料系在核材料设计、制备工艺和服役性能等方面的技术基础和人才优势,结合中广核工程有限公司在核电建设领域丰富的工程实践经验与能力,合作开展核电材料制备、构件设计与制造,核电安全性提升等核材料及服役性能研究,并通过核电装备协同创新平台推动研发成果转化与推广。

三是共建经营实体。共建经营实体一般有两种形式:① 基于技术入股形成的经营实体。此种组织联盟模式多发生于企业和院所之间,两者将各自较为优势的技术资源,通过作价入股到共同经营的企业,一方面充分发挥企业的管理创新能力,另一方面充分发挥院所技术创新能力,两者相互补充,共担风险,形成紧密的利益联盟体。② 基于企业整体打包入股形成的经营实体。院所在加强科技成果转化和转让的同时,以独资、控股方式创办了一批科技企业,但相比完全市场化的企业,在管理和竞争力上表现不足。通过将院所主导下企业整体打包入股完全市场化企业,将有利于院所技术成果进一步商业化,进而扩大双方利益。如中国化工集团公司全资子公司中国蓝星(集团)总公司(以下简称中国蓝星)以 4 亿欧元收购法国安迪苏集团,顺应了世界制造业向中国转移的趋势,实现了我国化工行业利用外部资源填补蛋氨酸生产的国内空白。中国蓝星也借此次收购促进了企业经营和管理水平的提高,并利用蛋氨酸技术改造国内蛋氨酸项目,引入液体蛋氨酸技术在国内建设新的生产装置等,在国内形成 20 万吨的生产能力,从技术、生产、销售等全方位逐步实现本土化。

四是联合组建产学研合作平台。产学研合作平台是产学研合作发展到一定阶段后出现的一种高级组织形式。通过平台建设,不仅能够实现不同创新资源在创新主体之间的协同效应,降低技术创新风险,而且有利于协调各主体之间的关系,降低"市场失灵"的发生概率。大企业特别是大型国有企业作为主导性主体,利用国家企业技术中心、工程技术研究中心、博士生工作站等有利条件,立足自身优势,与高校和科研机构共建行业共性技术研究平台,有效整合产学研外部资源,全力推进科技成果转化与产学研合作发展。如以东北大学和北京科技大学为依托,联合上海大学等高校,钢铁研究总院、中国科学院金属研究所等研究机构,鞍钢集团、宝钢集团、武汉钢铁公司、首钢总公司等大型生产企业共同组建的我国第一个钢铁共性技术协同创新中心,以钢铁共性技术为协同创新方向,按照"强强联合、优势互补、分工协同"的原则组建的协同创新平台。中心下设"高性能钢铁材料品种开发创新平台"和"钢铁共性关键工艺技术与装备研发创新平台",重点开展海洋工程用钢、先进能源用钢等高性能钢铁材料品种的开发,开展洁净钢冶炼、新一代控轧控冷等先进工艺技术和装备的研发。

3. 共建战略联盟

2008 年,由国家科技部、财政部、教育部等六部门联合发布的《关于推动产业技术创新战略联盟构建的指导意见》指出:"产业技术创新战略联盟是指由企业、大学、科研机构或其他组织机构,以企业的发展需求和各方的共同利益为基础,以提升产业技术创新能力为目标,以具有法律约束力的契约为保障,形成的联合开发、优势互补、利益共享、风险共担的技术创新合作组织"[1]。根据文件定义可以看出,产业技术联盟是一种全新的产学研结合模式,具有如下特点:① 企业主体地位突出。产业技术联盟建立在企业自身发展需求之上,企业是联盟创新活动的主体,在整个过程中发挥主导作用,高校和科研机构共同用参与联盟建设与发展。② 产业目标明确。联盟的主要目标是通过整合技术创新资源,攻克产业核心共性技术难题,加快技术创新成果的商业化运用,推动产业结构优化升级,提升产业核心竞争力,支撑国家整体的自主创新能力。③ 法律约束规范。联盟拥有具备法律约束力的联盟协议,明确了各方的权利义务关系。

产业技术联盟主要分为三种:技术攻关合作联盟、产业链合作联盟、技术标准

---

① 科技部,等.关于推动产业技术创新战略联盟构建的指导意见(国科发政〔2008〕770 号).2008 年 12 月 30 日.

合作联盟①。在美、日等发达国家和地区,产业技术联盟已成为企业发展的主要组织形式之一。我国产业技术联盟的发展呈现以下新态势:① 打造产业链上中下游有效衔接的产业技术联盟。如我国政府组织上中下游企业组建 TD-SCDMA 产业联盟,形成了覆盖系统、终端、芯片、仪器仪表、软件、配套设备在内的完整 TD-SC-DMA 产业链,大大缩短了 TD-SCDMA 的产业化周期。又如由中国化学工程集团牵头,联合清华大学等 10 家单位组成的新一代煤化工技术创新战略联盟,开展了"以煤气化为龙头,以一碳化学为基础,合成各种化工产品并向其他行业提供清洁、高热值燃气的煤炭洁净利用技术"的研发与应用。其中,由中国化学工程集团公司、清华大学和安徽淮化集团联合攻关开发的"流化床甲醇制丙烯(FMTP)工业技术",不仅填补了煤制烯烃技术空白,而且打破了国外对煤化工重大关键技术的垄断。② 组建跨行业、跨领域的综合性产业技术联盟。如一汽、奇瑞、吉利、西南铝业等 12 家单位共同组成了"汽车轻量化技术创新战略联盟",主要是研究如何攻克车身轻量化设计技术与评价方法、超高强度钢零件冲压热成形技术、高强度钢零件先进成形技术、纤维增强塑料模块化设计与应用技术、形变铝合金零件开发与制造技术和以整车减重为目标的多种轻量化技术集成应用等汽车轻量化关键技术。③ 着力组建跨国产业技术联盟。如由 IBM 领军组建了半导体产业技术创新国际联盟,包括美国的 AMD 公司、韩国的三星电子公司、新加坡的特许半导体公司、德国的英飞凌科技公司、FI 本的东芝公司和美国飞思卡尔半导体公司。企业加强开放式产业技术联盟建设,不仅可以降低研发成本、减少创新风险,而且也有利于企业突显本地化生产要求,更好地融入当地市场,从而进一步强化企业在国际市场的竞争力。

4. 协同创新中心

为了贯彻落实胡锦涛总书记在庆祝清华大学建校 100 周年大会上的重要讲话精神,大力提升高等学校的创新能力与高等教育质量,支撑创新型国家和人力资源强国建设,教育部、财政部联合发布了《关于实施高等学校创新能力提升计划的意见》(简称为"2011 计划")。该计划是以需求为导向、目标互动为载体,建立跨主体的高校与政府、企业、科研院所、国外高校与科研院所等的协同创新中心,搭建协同创新网络,成立联合攻关团队进行实质性合作。通过各主体的协同建立技术创新

---

① 　高广文. 国际产业技术创新联盟的发展及启示[J]. 科技发展研究,2008(12).

平台,通过官产学研用的协同合作,汇聚优秀的科学家团队,培育创新人才,提升技术创新能力。

协同创新中心有效运转必须以国家重大需求为目标,整合一流的资源,吸取先进的理念、技术,形成一流的成果产出,并坚持实时开放性。一是资源整合,即根据高校的发展战略和社会重大需求对有关的资源进行重新配置,实现资源配置与社会需求的最佳结合。二是要素协同,即将高校、企业及科研院所等协同主体协调为一个有机的整体,既要认识到各重要组成因素的单独作用,又要能认清系统内部各要素间以及系统与环境间的耦合关系,还要能实现各要素的最优配置,并为协同战略目标服务。三是技术创新,即通过各主体的协同建立技术创新平台,通过官产学研用的协同合作,汇聚优秀的科学家团队,培育创新人才,提升高校创新能力。四是优势互补,即通过协同联合充分发挥各主体间的优势,形成强强联合的创新体,达到"1+1>2"协同体制的飞跃效果。

"2011"协同创新中心的具体概况见表 3-2 所示。

表 3-2　2011 计划概况①

	2011 计划
本质	产学研合作,强调协同
总体目标	提升创新能力,促进经济发展
具体目标	推动国家创新体系建设
提出时间	2012 年初正式公布实施方案
实施时间	2013 年 4 月首批协同创新中心通过认定
项目类型划分	面向科学前沿、面向行业工业、面向文化传承、面向区域发展
依托主体	领先高校和行业龙头企业为主
遴选标准	参与主体必须达到一定水准
参与企业规模	大型企业
开放程度	国内为主
实施载体	协同创新中心
人才专项	强调人才培养

首批 14 家协同创新中心的研究领域涵盖量子物理、生物医药、化学化工、地区

---

① 许慧.欧盟地平线计划 2020 计划及对我国 2011 计划的启示[D].杭州:浙江大学硕士学位论文,2014.

发展研究、法制建设、航空航天、新型材料、轨道交通、纳米技术等,各自的机制体制和发展平台不同。量子信息与科学科技前沿协同创新中心是由中国科学技术大学牵头,协同单位包括南京大学、中国科学院上海技术物理研究所、中国科学院半导体研究所、国防科技大学四家单位。该中心瞄准国际物理学研究的前沿热点,面向社会经济发展和国家综合竞争力提高的重大需求,着力于推动量子科技革命、建设成为具有世界一流水平和重要国际影响的国际量子科学前沿高低、量子信息技术创新示范中心和创新型人才培育基地。该中心以理事会为最高决策机构,由各共建单位领导和其他成员组成,下设学术委员会、管理委员会、顾问委员会、国际咨询委员会、国际咨询专家库、中心办公室和六个研究部。该中心对科研骨干和技术骨干实行分类考核,分别制定考核内容和考核标准。该中心设立特色的"拔尖青年学者吸引与支持计划",专门面向 40 岁以下的优秀青年学者;设立"拔尖青年学者科研基金",用以支持青年学者的科研工作;实施"拔尖青年学者国际培养计划",资助青年学者去国外交流学习,结束后回中心效力。[①]

北京航空航天大学联合中国航空工业集团公司共同发起成立先进航空发动机协同创新中心,其他协同单位包括南京航空航天大学、西北工业大学、北京大学等。该中心旨在围绕国家航空领域重大战略需求的基础上,建设支撑我国航空发动机产业发展的高水平人才培养、核心共性技术研发和转移的重要基地,从而培育国家战略新兴产业,汇集了百余位海内外知名专家和 6 支国家级创新团队,构建了 8 个相互协同的创新团队。该中心以理事会为最高决策机构,科技发展咨询委员会、运行管理委员会、监察审计委员会、中心主任及其管理办公室。针对问题设 8 到 10 个创新团队,每个创新团队设技术牵头人(来自中国航空工业集团公司)或首席科学家(来自高校)一名,由团队技术牵头人或首席科学家对下属各研究团队的各项工作实施全面统筹管理。中心实行虚拟股份制。理事会对各单位投入资源进行筛选,评估确定所虚拟股份比例。各单位成为中心虚拟股东,理事会根据投入资源的利用效率每两年进行一次重新评估,动态调整虚拟股份比例。[②]

长三角绿色制药协同创新中心是浙江工业大学牵头,以浙江大学、上海医药工

① 朱长飞.科教结合,协同创新//"2011 计划"推进会材料汇编,2013 年 7 月.

② 王翠霞.国家创新系统协同创新动态机制研究——基于复杂系统理论视角[D].杭州:浙江大学博士学位论文,2014.

业研究院、药物制剂国家工程研究中心、浙江省医学科学院、浙江省食品药品检验研究院等5家机构为核心共建单位。该中心旨在研究解决制药产业的重大问题,协同培养制药产业的拔尖创新人才,共同建设制药领域的科技创新支撑体系,推动我国从制药大国向制药强国的转型。在管理体制上,该中心实行理事会领导下的中心主任负责制。在人才队伍建设方面,该中心已经形成了一只以院士、中央"千人计划"、"长江学者"、国家杰出青年基金获得者、浙江省特级专家等领衔,以浙江省创新团队、中青年学术骨干为核心的高水平人才队伍,人员队伍的专业背景涵盖了制药工程、药效学、毒理学、药物分析、药剂学等多个学科。该中心坚持服务区域制药产业发展,先后共建了30余个校企联合研发中心和中试基地;拥有一批高质量的自主知识产权和国际先进水平的药物绿色制造特色技术;为成果实施企业创造了巨额利润,取得显著经济社会效益。

第四章 协同创新视域下技术创新主体企业化评价

——以南京规模以上企业为例

本章在对南京规模以上企业技术创新主体进行统计分析的基础上,应用DEA模型对南京规模以上企业技术创新主体地位进行了评价,并提出了基于协同论的南京企业技术创新主体地位提升路径。

企业是技术创新的主体,大中型工业企业(large and medium-sized industrial enterprises,LMIEs)更是我国国民经济和技术创新的骨干力量,大中型工业企业的强弱将影响国家经济总体发展,在国家创新驱动发展战略中占据着重要地位。提高大中型企业自主创新能力对于中国的国际竞争力具有重要作用。熊彼特很早就探讨了企业规模与技术创新之间的关系。他认为,企业规模越大,技术创新就越有效率,大企业比小企业更具创新性。事实上,技术变革过程中,新技术是逐渐取代旧技术的,在初期它并不优于旧技术,是通过不断的改进才能优于旧的生产方式;当创新的成本相对于市场规模很大时,创新的可获利性就会很低,从而创新就受到限制,反之则有利于创新。当前对于国内大中型工业企业研究的文献主要集中在分析和评价大中型工业企业的创新能力、创新效率与生产率、创新绩效、政策影响等方面。有研究发现,大型工业企业创新能力较强。探讨大企业与中小企业技术创新的关系逐步成为国家政策着力点的选择基础,一些研究成果开始涌现。许平(2010)[1]探讨了高新技术产业企业规模与创新能力的关系;张玉明、王晶晶(2009)[2]对中型和小型科技企业创新能力作了比较;蒋玉洁、菅利荣(2011)[3]发现,我国大中型工业企业技术创新能力省市间差异明显,以广东、江苏等为代表的东部地区省市的工业企业创新能力显著高于中西部省市。如果仔细分析技术变革的历

---

① 许平. 我国高技术产业企业规模和创新能力的关系研究[J]. 科技管理研究,2010(16):16-19.

② 张玉明,王晶晶. 中小型科技企业的规模与技术创新能力的实证研究——基于济南市样本企业数据[J]. 烟台大学学报(哲学社会科学版),2009(1):82-87.

③ 蒋玉洁,菅利荣. 我国区域大中型工业企业技术创新能力评价及差异测度[J]. 工业技术经济,2011(12):43-48.

程,会发现限制创新的因素通常在大企业里面,因为创新的实现取决于创新的成本和市场获利的高低。随着经济学家对宏观架构经济理论的反思,越来越多的学者开始关注微观经济,对企业规模与创新的研究也越来越多,因此也出现了一系列迥异的观点。总体看,企业规模与创新关系无外乎大企业在创新中占优、中小企业占优、关系不明确三个层次。熊晓燕(2012)①总结了企业规模与创新之间的五种观点:二者没关系、大企业创新占优、中小企业创新占优、阈值理论、折中论等,并列举了国内外一系列的理论和实证研究成果。但已有文献对企业在技术创新体系中主体地位的研究并不多,尚存开展相关研究的主要见于政府报告和文件中,尤其是近年来科技型中小企业广受关注,对大中型工业企业在创新中的主体地位研究被忽略,关于大中型企业技术创新主体地位的研究则更少。

2013 年,全国开展 R&D 活动的规模以上工业企业共 5.5 万个,占全部规模以上工业企业的 14.8%,比上年提高了 1.1 个百分点。拥有研发机构的规模以上工业企业共 4.3 万个,占全部规模以上工业企业的 11.6%,比上年增加了 0.3 个百分点。规模以上工业企业有 R&D 人员 337.6 万人,比上年增长 10.6%;R&D 人员全时当量为 249.4 万人年,比上年增长 11.0%。规模以上工业企业 R&D 经费支出 8318.4 亿元,比上年增长 15.5%。规模以上工业企业 R&D 经费投入强度为 0.80%,比上年上升了 0.03 个百分点。有 17 个行业的规模以上工业企业 R&D 经费超过了 100 亿元。规模以上工业企业申请发明专利 20.5 万件,比上年增长 16.4%;发明专利拥有量为 33.5 万件,比上年增长 21.0%。规模以上工业企业技术引进经费与 R&D 经费的比值为 4.7%,比上年下降 0.8 个百分点。大中型工业企业在创新中的地位和作用有多大?这是一个有待研究的问题。诺贝尔经济学奖获得者卢卡斯指出:"如果我们知道一个经济奇迹是什么,那么我们就能够创造另一个经济奇迹"。相应地,如果能够对大中型工业企业创新主体地位和作用有一个基本的判断,那么就能够明确未来努力的方向。本文结合创新与经济增长的相关理论,希望在这方面作出一些探索。

---

① 熊晓燕.企业规模对企业技术创新能力的贡献测度研究[D].北京:北京交通大学硕士学位论文,2012.

第一节　南京规模以上企业技术创新主体地位的统计分析

本节将从南京规模以上工业企业技术创新资金投入、技术创新人力投入、技术创新产出以及技术创新外部环境等方面对南京工业企业技术创新能力进行分析。考虑数据的可得性和客观性，本文将主要采用规模以上工业企业资料进行说明。本研究数据主要来源于南京统计局网站、南京科技局网站发布的年度数据。

一、南京市规模以上企业技术创新投入经费分析

表 4-1　2009—2013 年南京市规模以上企业技术创新经费投入情况

		2009 年	2010 年	2011 年	2012 年	2013 年
全市 R&D 经费支出总额(亿元)		120.56	145.50	178.83	209.97	236.35
规模以上工业企业 R&D 经费支出总额(亿元)		63.904 9	75.086 2	98.185 6	118.850 1	128.446 7
其中	企业资金(亿元)	54.739 1	69.848 4	90.913 9	113.429 7	121.233 7
R&D 经费占产品销售收入的比例(%)		0.78	0.87	0.94	0.87	1.04
新产品开发经费支出(亿元)		74.932 07	99.201 66	112.582 52	134.717 75	162.073 5

数据来源：根据南京科技统计要览 2014 数据整理得出(http://www.kw.nanjing.gov.cn)

从表 4-1 可以看出：(1) 规模以上工业企业 R&D 经费支出总额增加较快。2009 年，规模以上工业企业 R&D 经费支出总额为 63.904 9 亿元，至 2013 年达到 128.446 7 亿元，平均年增加 20.2%。(2) 规模以上工业企业 R&D 经费支出增速高于全市 R&D 经费支出增速。2009—2013 年，南京市 R&D 经费支出增加 96.04%，而同时期规模以上工业企业 R&D 经费支出增加了 100.997%。(3) 规模以上工业企业 R&D 强度逐年增加，由 2009 年的 0.78 上升到 2013 年的 1.04。(4) 规模以上工业企业 R&D 经费支出总额中企业资金量及所占比重增加明显。2009 年，规模以上工业企业 R&D 经费支出中企业资金为 54.739 1 亿元，占比为 85.7%；2013 年，规模以上工业企业 R&D 经费支出中企业资金上升为 121.233 7 亿元，占比上升为 94.4%。(5) 规模以上工业企业新产品开发经费支出迅速增加。2009 年，规模以上工业企业新产品开发经费支出为 74.932 07 亿元，2013 年增加

为 162.073 5 亿元。综上所述,从 R&D 经费支出明细来看,南京规模以上工业企业已成为技术创新的投入主体,但企业研发投入强度与发达国家相比,差距较大。比如美国、德国等国家工业企业研发经费投入强度普遍在 2% 以上,日本更是达到 3.57%。

二、南京市规模以上企业技术创新人力资源投入分析

表 4-2　2009—2013 年南京技术创新人力资源投入情况

		2009 年	2010 年	2011 年	2012 年	2013 年
全市 R&D 人员(人)		68 648	74 137	82 881	90 509	111 756
其中	规模以上工业企业(人)	33 334	35 582	39 118	50 307	55 537
规模以上企业从业人员年平均数(人)		772 385	805 768	804 054	842 371	797 064
其中	科技活动人员(人)	51 769	59 925	67 664	82 683	79 799

数据来源:根据南京科技统计要览 2014 数据整理得出(http://www.kw.nanjing.gov.cn)

从表 4-2 可以看出:(1) 规模以上工业企业科技活动人员数量逐年增加。2009 年规模以上工业企业科技活动人员数量为 51 769 人,2013 年增加至 79 799 人,年平均增速为 10.8%。(2) 规模以上工业企业科技活动人员占从业人员比例提高明显。2009 年,规模以上工业企业科技活动人员占从业人员比例为 6.7%,2013 年该比例提升至 10.01%。(3) 规模以上工业企业 R&D 人员数量增加加快,占全市 R&D 人员数量比例略有增加。规模以上工业企业 R&D 人员数量由 2009 年的 33 334 人增加至 2013 年 55 537 人,占全市 R&D 人员数量比例由 48.6% 上升至 49.7%。

综上所述,从南京市技术创新人力资源投入来看,南京市规模以上工业企业越来越重视科技活动,人力资源投入增加较快,但规模以上工业企业 R&D 人员数量占全市 R&D 人员数量比例略有增加。

三、南京市规模以上企业技术开发机构情况分析

表 4-3　2009—2013 年南京市规模以上企业技术开发机构情况

	2009 年	2010 年	2011 年	2012 年	2013 年
有技术开发机构的工业企业比例(%)	8.2	6.1	15	35.2	33.3
技术开发机构数(个)	389	404	567	1 124	1 173
大中型企业技术开发机构数(个)	174	243	308	653	635

数据来源:根据南京科技统计要览 2014 数据整理得出(http://www.kw.nanjing.gov.cn)

企业技术开发机构是企业从事自然科学及其相关科技领域研究开发和实验发展(包括为研发活动服务的中间试验),或从事企业内部技术开发、工艺开发、产品开发和有关技术服务的机构。企业技术开发机构是企业技术创新的基础平台,是全面提高自主创新能力的中坚力量。表4-3显示:(1)2010年以后,南京市有技术开发机构的工业企业比例有较大提高。2010年南京市有技术开发机构的工业企业比例为6.1%,2011年上升为15%,2012年上升为35.2%。(2)南京市大中型企业技术开发机构数占规模以上企业技术开发机构数一半以上,这可能与大中型企业有雄厚的资金力量、众多的科技研发人员有关。

四、南京市规模以上企业技术创新产出分析

表4-4 2009—2010年南京科技成果情况

成果	专利申请数(件)		发明专利申请数(件)	
年份	2009	2010	2009	2010
合计	7 494	11 008	4 424	6 414
独立研究与开发机构	714	866	537	1 796
高等院校	4 605	5 894	2 957	3 207
规模以上企业	2 175	4 248	930	1 411

数据来源:根据南京科技统计要览2011数据整理得出(http://www.kw.nanjing.gov.cn)

2010年,南京市规模以上工业企业、独立研究与开发机构、高等院校的专利申请数分别为4 248件、866件和5 894件,规模以上工业企业专利申请数占全市专利申请数比例为38.6%。2010年南京全部发明专利申请中规模以上工业企业、独立研究与开发机构、高等院校所占比例为22%、7.8%和50%。[①] 总体看,南京大部分专利都集中在高等院校,企业申请专利所占比例不高。

---

① 数据来源:2011年度南京科技统计要览.

五、南京市规模以上企业科技服务体系情况分析

1. 南京科技基础设施建设情况

表4-5　南京科技基础设施建设情况

		2009年	2010年	2011年	2012年	2013年
重点实验室总数(个)		48	55	60	67	80
其中	国家级	18	21	24	25	25
	省级	30	34	36	42	55
科技公共服务平台总数(个)		78	94	109	112	115
	国家级	3	3	3	3	3
其中	省级	70	76	86	87	86
	市级	5	15	20	22	26
工程技术研究中心		146	224	256	307	411
	国家级	13	13	14	16	17
其中	省级	96	176	199	248	290
	市级	37	35	43	43	104

数据来源:根据南京科技统计要览2014数据整理得出(http://www.kw.nanjing.gov.cn)

　　截至2013年,南京市重点实验室总数为80个,其中国家级重点实验室25个、省级重点实验室55个。南京市重点实验室在加大对产业共性技术、关键技术和前沿技术问题的攻关力度,积极参与产学研战略联盟,以合作研发、技术服务、人员培训、开放课题等多种形式,帮助企业提升自主创新能力和产业国际竞争力、促进企业成为技术创新主体等方面发挥重要作用。

　　截至2013年,南京市共有各类科技公共服务平台115个,其中国家级科技公共服务平台3个、省级科技公共服务平台86个,市级科技公共服务平台26个。平台的公共服务作用较好地为南京的科技创新、人才创业提供了基础条件支撑。

　　南京市加强工程技术研究中心建设,截至2013年共建有工程技术研究中心411个,其中国家级中心17个、省级中心290个、市级中心104个。这些各种级别的工程中心在加强南京市科技成果向生产力转化,促进科技产业化;面向企业规模生产的需要,推动集成、配套的工程化成果向相关行业辐射、转移与扩散,促进新兴产业的崛起和传统产业的升级改造;促进科技体制改革,培养一流的工程技术人才,建设一流的工程化实验条件,形成科研开发、技术创新和产业化基地等方面发挥着重要作用。

2. 南京市科技服务业发展情况

表 4-6　2009—2013 年南京市科技服务业发展情况表

	2009 年	2010 年	2011 年	2012 年	2013 年
科技服务业总收入(亿元)	81	109.17	178.14	260.93	303.70
科技服务机构总数(家)	161	179	216	220	240
拥有各类从业人员数(人)	22 029	22 653	41 951	64 455	64 277

数据来源:根据南京科技统计要览 2014 数据整理得出(http://www.kw.nanjing.gov.cn)

科技服务业作为技术关联性强、科技含量和附加值高的新兴服务业态,是以技术和知识向社会提供服务的产业,其服务手段是技术和知识。科技服务业是企业、高校和科研机构开展科技创新不可或缺的支撑,是南京创新型城市建设的重要组成部分。大力培育科技服务业,是加快南京区域科技创新体系建设、促进产业结构调整、提高企业科技创新能力、提升城市竞争力的重要举措。建设和完善科技服务体系有利于促进创新主体之间科技资源要素流动和技术转移,能够有效降低创新成本,化解创新风险,加快科技成果转化,提高整体创新绩效。2009—2013 年南京市科技服务业形成了一定规模,科技服务业总收入由 81 亿元增长到 303.7 亿元,拥有的各类从业人员数由 22 029 人增长到 64 277 人,科技服务机构由 161 家扩张到 240 家。2010 年 12 月,南京市政府出台了《关于加快科技服务业发展的若干意见》(宁政发 260 号),提出:"到 2015 年,实现科技服务业总收入达 400 亿元,科技服务业成为科技创新产业链中较为活跃的环节,人员素质明显提高,服务能力大幅提升,竞争实力显著增强,达到国内先进城市发展水平。"

3. 南京市科技孵化器概况

表 4-7　2009—2013 年南京市科技孵化器概况

		2009 年	2010 年	2011 年	2012 年	2013 年
孵化器总数(家)		32	33	40	85	122
其中	国家级	11	13	13	13	15
	省级	13	13	20	23	37
累计毕业企业数(家)		800	947	1 118	1 185	1 415
在孵企业总数(家)		2 800	3 044	3 050	3 600	6 750
在孵企业总收入(亿元)		220	261	310	148	229
孵化总面积(万平方米)		130	144	175	289	405
在孵企业从业人数(万人)		5	6	5.9	7.5	9.4

数据来源:根据南京科技统计要览 2014 数据整理得出(http://www.kw.nanjing.gov.cn)

科技孵化器在 20 世纪 50 年代发源于美国,是伴随着新技术产业革命的兴起而发展起来的。科技孵化器在推动高新技术产业的发展,孵化和培育中小科技型企业,以及振兴区域经济,培养新的经济增长点等方面发挥了巨大作用。南京市非常重视科技孵化器建设,特别是 2011 年后,科技孵化器数量累计毕业企业数量、孵化总面积等得到迅速扩张。截至 2013 年,南京市共有孵化器 122 家,其中国家级孵化器 15 家、省级孵化器 37 家,累计毕业企业 1 415 家,在孵企业 6 750 家,孵化总面积 405 万平方米,在孵企业从业人数 9.4 万元。2011 年,南京市出台了《南京市科技企业孵化器管理办法》,包含"跃升"和"孵鹰"两大计划,其中明确了孵化器的门槛,包括可自主支配的孵化场地使用面积不少于 1 万平方米;具有专业技术领域的公共平台或中试平台;能够提供创业咨询、辅导,以及技术、政策法律、财务、投融资等方面的服务。2012 年,南京市出台了《关于鼓励和引导民间资本投资建设科技创新载体的意见》,引导民间资本建设包括科技企业孵化器在内的科技创新载体。课题组调查发现,南京市科技孵化器在满足企业对公共技术、投融资、人才等方面的"高端"服务需求上还存在一定差距。

六、小结

以上研究结果显示,南京市规模以上企业以企业为主体的技术创新体系的总体构架已基本形成,主要表现为:以企业为主体的技术创新投入体系、平台体系、研发体系、科技成果转化体系和服务体系这五大体系虽在结构、规模和功能上仍有不足,但以企业为主体的技术创新体系总体构架中的基本要素和基本形态已经形成。

第二节 南京规模以上企业技术创新主体地位评价

为了全面了解南京规模以上企业创新的现状、政策环境和社会经济环境,课题组设计了《南京企业技术创新状况调查问卷》(见附录一),对新百药业集团、福中集团南瑞集团、南瑞继保、先声药业、雨润集团等数十家在宁企业进行了调查,并走访"2011 计划"南京工业大学的"江苏先进生物与化学制造协同创新中心"。为了进一步评价南京企业技术创新状况,我们以南京规模以上企业为对象,构建了评价指标体系,运用 DEA 模型进行了计量分析。

一、模型介绍

（一）数据包络分析模型简介[①]

数据包络分析（Data Envelopment Analysis,DEA）是运筹学、数理经济学和管理科学的一个新的交叉领域,它是由 Charnes,Cooper,Rhodes 于 1978 年提出。DEA 主要用来评价相同类型部门或单位中各成员之间的相对有效性。

1. C^2R 模型

C^2R 模型假设有 n 个部门或企业,称为 n 个评价单元 DMU$_j$（$j=1, 2,\ldots,$ n）,每个评价单元都有 m 种投入和 p 种产出,分别用不同的经济指标表示,这样,构成了有 n 个评价单元的多指标投入和多指标产出的评价系统。如图 4-1 所示。

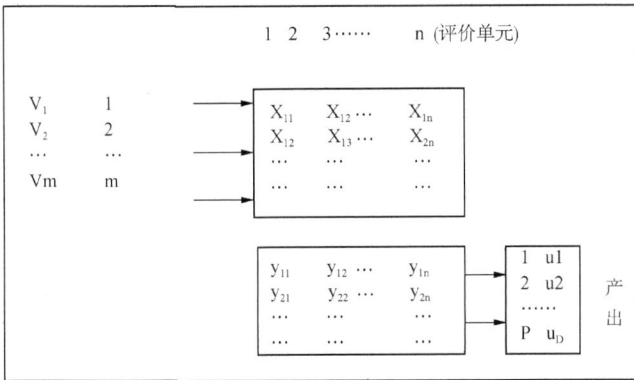

图 4-1DEA 模型的输入输出结构图[②]

图中,X_{ij} 表示 DMU$_j$ 评价单元第 i 种投入指标 $X_{ij}>0$;

y_{rj} 表示 DMU$_j$ 评价单元第 r 中产出指标,$y_{rj}>0$;

V_i 表示第 i 种投入指标的权系数,$V_i\geq 0$;

C^2R 模型是最基本的 DEA 模型,主要用来度量规模效应不变时的综合技术效率,但有时候需要考虑规模效应可变情况下的技术效率,这时需要用到 C^2GS^2 模型,该方法是在上述的模型加上规模效应约束。计算出综合技术效率和纯技术效率后,根据技术效率理论可以知道,规模效率＝综合技术效率/纯技术效率。

上述过程的实现可以通过 DEA 方法或随机前沿生产函数法,其中 DEA 方法不需要具体的函数形式,所以在实际应用中应用最多的还是 DEA 方法,因此本研

---

① 盛昭瀚,等. DEA 理论、方法与运用[M]. 北京:科学出版社,1996.

② 魏权龄. 数据包络分析[M].北京:科学出版社,2004.

究主要采用该种方法。

Charnes、Cooper and Rhode 继 Farrell 之后于 1978 年提出 C^2R 模型,正式定名为资料包络分析法(DEA)。该模型延续 Farrell 的固定规模假设,以线性规划法估计生产边界,然后衡量每一决策单位的相对效率。凡落在边界上的 DMU,即为具最有之效率投入产出组合的 DMU,其效率值为 1;而其他未落在边界上的 DMU,则称为无效率的 DMU,其效率值介于 1 和 0 之间。

假设单位 $j(j=1,2,3,\cdots,n)$ 使用第 i 项投入量为 X_{ij},其第 r 项产出量为 Y_{rj},则单位 k 之效率可由如下之(4-1)式求得:

$$\max_{ur,vi} E_k = \frac{\sum_{r=1}^{s} u_r Y_{rk}}{\sum_{i=1}^{m} v_i X_{ik}}$$

$$s.t. \quad \frac{\sum_{r=1}^{s} u_r Y_{rj}}{\sum_{i=1}^{m} v_i X_{ij}} \leqslant 1, j = 1,2,\cdots,n$$

$$ur, v_i \geqslant \varepsilon > 0, r = 1,\cdots,s, i = 1,\cdots,m \qquad (4-1)$$

其中 ur,v_i 分别代表第 r 个产出项与第 i 个投入项之权重,n 为受评单位之个数,m 为投入因子之个数,r 为产出项之个数。模式(4-1)之效率值是在相同产出水平下,比较投入资源之使用效率,因而称为投入导向效率。此式为一比率模式,是由产出的加权组合除以投入的加权组合,而权重 ur 与 v_i 则由模式决定。其特征是将权重 uk 及 v_i 视为未知,权重会被选定为特定的数值,以使效率值为最大。

由于模式(4-1)的目标函数为分数线性规划形式,除了运算不易外,且有无穷解之虞。因此为解决此状况,Charnes、Cooper and Rhode 增加一个限制式,$\sum_{i=1}^{m} V_i X_{ik} = 1$,将其转换为线性规划模式,如(4-2)式:

$$\max \quad \sum_{r=1}^{s} u_r Y_{rk}$$

$$s.t \quad \sum_{i=1}^{m} v_i X_{ik} = 1$$

$$\sum_{r=1}^{s} u_r Y_{rj} - \sum_{i=1}^{m} v_i X_{ij} \leqslant 0 \quad , j = 1,\cdots,n$$

$$ur, v_i > 0, \quad r = 1, \cdots, s \quad, i = 1, \cdots, m \tag{4-2}$$

(4-2)式是在投入加权和为1的状态下,极大化产出加权总合。且为更方便求解,所以更进一步将其转换为对偶模式。同时我们透过对偶化的结果,亦可获得更多的信息,此对偶模型如下:

$$\min_{\theta} \quad h_k = \theta - \varepsilon \left(\sum_{i=1}^{m} S_i^- + \sum_{r=1}^{s} S_r^+ \right)$$

$$\text{s. t} \quad \sum_{j=1}^{n} \lambda_j X_{ij} - \theta X_{ik} + S_i^- = 0, \quad i = 1, \cdots m$$

$$\text{s. t} \quad \sum_{j=1}^{n} \lambda_j Yrj - \theta X_{ik} + S_r^+ = Y_{rk}, \quad r = 1, \cdots, s$$

$$\lambda_j, S_i^-, S_r^+ \geqslant 0, \quad j = 1, \cdots, n, \quad i = 1, \cdots, m, \quad r = 1, \cdots, s$$

$$\theta \text{ 无正负限制} \tag{4-3}$$

式中 S_i^-, S_r^+ 分别为差额变量与超额变量,是线性规划中将不等式转化为等式所常用的变量。变量 ψ 对应于原问题中之等号限制式,$\sum_{i=1}^{m} v_i X_{ik} = 1$,根据对偶性质,此变量之数值可正可负,但实际上此变量代表的是受评单位之效率值,因此其最佳解值一定是正数。因为此模型为投入导向模型,因此 θ 值小于1时,表示其要素投入量有过多浪费的情形,必须予以比例化地减少其投入量的使用,其减少的比例为 $1 - \theta$。

2. BCC 模型

Banker, Charnes and Cooper(1984)[1]扩充了 CCR 模型,深入讨论技术效率与规模效率的问题。由于 CCR 模型的假设是 DMU 处于固定规模报酬下之相对效率。然而事实上,DMU 可能是处于规模报酬递增或是规模报酬递减的状态,因此 DMU 的无效率除了可能来自于本身的投入、产出配置不当之外,亦有可能是源自 DMU 的规模因素。所以若能了解各 DMU 所处之规模报酬状态,将有助于决策者做规模上的调整,进而达到有效率的经营。该模式之投入导向比率形式如下所示:

---

① Banker R D, Charnes A, Cooper W W. Some Models for Estimating Technological and Scale Inefficiences in Data Envelopment Analysis. Management Science, 1984, 30(9): 1078 - 1092.

$$\max_{ur,vi} \quad E_k = \frac{\sum_{r=1}^{s} u_r Y_{rk} - u_o}{\sum_{i=1}^{m} v_i X_{ik}}$$

$$\text{s.t} \quad \frac{\sum_{r=1}^{s} u_r Y_{rj} - u_o}{\sum_{i=1}^{m} v_i X_{ij}} \leqslant 1, \quad j = 1, \cdots, n$$

$$u_r, v_i > 0, \quad r = 1, \cdots, s, \quad i = 1, \cdots, m$$

$$u_o \text{ 无正负限制} \tag{4-4}$$

模式(4-4)不易求解,但可经由固定分母之值予以转换成线性规划式,形成如下所列投入导向之原问题以利求解。

$$\max_{u_r, v_i} \quad h_k = \sum_{r=1}^{s} u_r Y_{rk} - u_0$$

$$\text{s.t} \quad \sum_{i=1}^{m} v_i X_{ik} = 1$$

$$\sum_{r=1}^{s} u_r Y_{rj} - \sum_{i=1}^{m} v_i X_{ij} \leqslant 0 \quad , j = 1, \cdots, n$$

$$ur, v_i > 0, \quad r = 1, \cdots, s \quad , i = 1, \cdots, m$$

$$u_o \text{ 无正负限制} \tag{4-5}$$

(二) Malmquist 生产力指数

Malmquist (Malmquist Productive Index,简称 MPI)主要是用来衡量厂商在不同时期生产力变动的情形。而 Fare(1994)[①]则采用 Caves,Christensen, and Diewert (简称 CCD)所定义的 MPI 来衡量 TFP 成长,借由将生产力的变动分解为技术效率变动(EC)与技术变动(TC),并举出如何应用距离函数来计算 TFP 的主要两个成分,并以此来探究各银行生产力变动的原因,以期寻求更积极的改善。

首先说明距离函数(Distance Function)的观念。定义为有 m 个生产要素投入,s 个产出,$t = 1,2,3,4,\cdots,T$,表示期数,投入矢量为 $x^t \in R_+^m$,产出矢量为 $y^t \in R_+^s$,生产技术 F^t 为封闭、非空、凸集合,且投入与产出皆可自由处置,则第 t 期生产

---

① Fare R,Grosskopf S,Norris M,Zhang Z. Productivity Growth,Technical Progress and Efficiency Change in Industrialized Countries[J]. American Economic Review,1994,84:66-83.

技术可以表示为：

s 个产出，$t=1,2,3,4,\cdots,T$，表示期数，投入矢量为 $x^t\in R_+^m$，产出矢量为 $y^t\in R_+^s$，生产技术 F^t 为封闭、非空、凸集合，且投入与产出皆可自由处置，则第 t 期生产技术可以表示为：

$$F^t=\{(x^t,y^t),x\ \text{能生产}\ y\} \tag{4-6}$$

则可依据 Shephard(1970)之定义得到产出距离函数：

$$D_0^t(x^t,y^t)=\inf\{\lambda:(x^t,y^t/\lambda)\in F^t\} \tag{4-7}$$

产出距离函数为衡量投入固定为 x^t 及既定生产技术 F^t 下，产出 y^t 与最大可能产出之比值。

依此距离函数，CCD 提出 Malmquist 生产力指数：

$$\text{第}\ t\ \text{期}\qquad M_0^t=\frac{D_0^t(x^{t+1},y^{t+1})}{D_0^t(x^t,y^t)} \tag{4-8}$$

$$\text{第}\ t+1\ \text{期}\qquad M_0^{t+1}=\frac{D_0^{t+1}(x^{t+1},y^{t+1})}{D_0^{t+1}(x^t,y^t)} \tag{4-9}$$

为了衡量技术效率变动、技术变动与总生产力之间的关系，采用 Fare,Grwsskopf 及 Ross 所定义的 Mamquist 生产力，即 CCD 所提的两个 Malmquist 生产力指数的几何平均值，定义 Malmquist 生产力指数为：

$$M_0(x^{t+1},y^{t+1},x^t,y^t,)=\left[\frac{D_0^t(x^{t+1},y^{t+1}\mid\text{CRS})}{D_0^t(x^t,y^t\mid\text{CRS})}\cdot\frac{D_0^{t+1}(x^{t+1},y^{t+1}\mid\text{CRS})}{D_0^{t+1}(x^t,y^t\mid\text{CRS})}\right]^{\frac{1}{2}}$$

$$\tag{4-10}$$

此指数为固定规模报酬下，涉及两单期之距离函数，与两个混合期之距离产出函数，若 $M_0>1$，则表示受评估的 DMU 生产力从第 t 期至第 $t+1$ 期有改善；$M_0<1$，则表示受评估的 DMU 生产力从第 t 期至第 $t+1$ 期呈现衰退现象。

根据 Fare,Grosskopt 及 Ross(的论述，Malmquist 生产力指数可分解为技术效率变动(EC)与技术变动(TC)，以此来探讨各厂商生产力变动的原因，分别定义为：

$$\text{EC(CRS)}=\frac{D_0^{t+1}(x^{t+1},y^{t+1}\mid\text{CRS})}{D_0^t(x^t,y^t\mid\text{CRS})}$$

$$TC(CRS) = \left[\frac{D_0^t(x^{t+1}, y^{t+1} \mid CRS)}{D_0^{t+1}(x^{t+1}, y^{t+1} \mid CRS)} \cdot \frac{D_0^t(x^t, y^t \mid CRS)}{D_0^{t+1}(x^t, y^t \mid CRS)} \right]^{\frac{1}{2}} \qquad (4-11)$$

(4-11)式及(4-12)式皆以固定规模报酬来定义,EC(CRS)是以 t 期之投入与生产技术 F^t 下,产出 y^t 与最大可能产出之比值为基准,去看 $t+1$ 期的投入与产出在 $t+1$ 期的生产技术 F^{t+1} 下之表现,即效率变动:若 EC(CRS)>1,表示技术效率改善,EC(CRS)<1,表示技术效率恶化。而 TC(CRS)中的 $\frac{D_0^t(x^{t+1}, y^{t+1} \mid CRS)}{D_0^{t+1}(x^{t+1}, y^{t+1} \mid CRS)}$ 为以第 $t+1$ 期之投入产出所衡量的技术变动, $\frac{D_0^t(x^t, y^t \mid CRS)}{D_0^{t+1}(x^t, y^t \mid CRS)}$ 是以第 t 期之投入产出所衡量的技术变动,因此定义技术变动为这两项的几何平均数。若 TC(CRS)>1,表示技术进步;TC(CRS)<1,表示技术退步。

Malmquist 生产力指数虽然是以相对于固定规模报酬(CRS)的状况来衡量,但(4-11)式可以进一步分解以解释变动规模报酬(VRS)对效率的影响。EC(CRS)可分解为两项乘积:纯技术效率变动 PTEC(VRS)与规模效率变动 SEC(VRS),分别定义为:

$$PTEC(VRS) = \frac{D_0^{t+1}(x^{t+1}, y^{t+1} \mid VRS)}{D_0^t(x^t, y^t \mid VRS)} \qquad (4-13)$$

$$SEC(VRS) = \frac{\dfrac{D_0^{t+1}(x^{t+1}, y^{t+1} \mid CRS)}{D_0^{t+1}(x^{t+1}, y^{t+1} \mid VRS)}}{\dfrac{D_0^t(x^t, y^t \mid CRS)}{D_0^t(x^t, y^t \mid VRS)}} \qquad (4-14)$$

(4-13)式及(4-14)式是以变动规模报酬定义。是(3-14)式为变动规模下之两期技术效率比,若 PTEC(VRS)>1,表示技术效率改善;PTEC(VRS)<1,表示技术效率恶化。相同的,在(4-12)式中若 SEC(VRS)>1,表示第 $t+1$ 期相对于第 t 期而言,越来越接近固定规模报酬,或渐渐向长期最适规模逼近;SEC(VRS)<1,则表示第 $t+1$ 期相对于第 t 期而言,距离规模报酬越来越远。

二、指标体系的构建

从价值链的角度看,技术创新是一个从研发到产业化的完整过程,其中创新资源的投入、创新产权的形成和市场利润的获取及占有等是关键环节。本研究基于知识生产函数的"投入—产出"框架,从创新价值链投入产出环节入手,提出技术创新衡量指标体系(见表4-8)。从表4-8可知,技术创新投入指标选择人力投入、经费投入和研发投入,技术创新产出指标包括技术成果和经济效益,其中技术成果指标选择专利申请,经济效益指标选择新产品收入。

在建立指标体系的基础上,还需要进一步讨论确定企业技术创新主体地位的标准。目前,学术界和管理层主要关注规模标准,即采用企业创新投入和产出规模在创新体系中所占比重,判断企业的技术创新主体地位。实际上,企业创新不仅体现在创新活动的规模,还需要考虑将投入转化成产出的效率。

表4-8 南京大中型工业企业技术创新衡量指标

一级指标	二级指标	三级指标
投入指标	人力投入	科技活动人员占从业人员比重
		R&D人员占科技活动人员比重
	经费投入	科技活动经济支出总额
	研发投入	R&D经费投入强度
		技术引进与消化吸收比例
产出指标	技术成果	专利申请
	经济效益	新产品收入

由于规模以上大中型工业企业在南京工业企业科技活动中占据着主体地位,由此本文采用大中型工业企业数据进行实证分析,以此来分析说明南京工业企业技术创新主体地位情况。

为了对南京市工业企业技术创新主体地位进行研究,本文使用C^2R模型和C^2GS^2模型分析了南京市、苏州、无锡、北京、上海、深圳等城市大中型工业企业投入产出效率,结合DEA理论以及对比分析研究了南京市2012年的效率概况。本文数据来源于《南京统计年鉴(2013)》《苏州统计年鉴(2013)》《无锡统计年鉴(2013)》《北京统计年鉴(2013)》《上海统计年鉴(2013)》《深圳统计年鉴(2013)》《江苏科技统计年鉴》。

三、评价结果分析

本文使用C^2R模型和BCC模型分析了南京市、苏州、无锡、北京、上海、深圳等城市大中型工业企业城市大中型工业企业投入产出的技术效率,C^2R模型和BCC模型计算得出的综合技术效率、纯技术效率和规模效率结果如表4-9所示。

表4-9 各地区大中型工业企业创新的投入产出效率评价结果

城市	综合技术效率	纯技术效率值	规模效率值	规模收益
南京	0.82	0.83	0.98	递增
苏州	0.87	0.92	0.95	递增
无锡	0.79	0.86	0.92	递增
北京	1	1	1	不变
上海	1	1	1	不变
深圳	1	1	1	不变

1. 综合技术效率分析

根据 DEA 理论，C^2R 模型最优值是1，表明该城市其不仅达到了技术有效，又达到了规模有效，即 DEA 是有效的。当 C^2R 模型最优值小于1时，表示该城市未达到 DEA 有效。从表4-10可以看出，南京与江苏省内苏州、无锡相比较，综合技术效率高于无锡、低于苏州，且与北京、深圳、上海相比有差距，综合技术效率没有达到最优。

2. 纯技术效率分析

南京市纯技术效率值为0.83，低于省内城市苏州、无锡，与北京、上海、深圳相比有较大差距。南京市纯技术效率值小于1，说明南京市大中型工业企业的投入资源未被得到充分利用，存在一定浪费现象。

3. 规模效率与规模收益分析

规模效率值等于综合效率与纯技术效率的比值，其大小越接近于1，说明规模大小越适合，即越接近最佳规模。如果规模效率值小于1，说明处于规模收益递增或递减的状态；如果规模效率值等于1，则说明处于固定规模收益阶段。北京、上海、深圳规模效率值为1，说明其处于固定规模收益阶段，也就是规模收益最佳阶段。南京市的规模效率值是0.99，非常接近于1，并处于规模收益递增阶段，说明南京市大中型工业企业技术创新虽然还未达到最佳规模，但已相当接近，可以继续适度扩大相应的资源投入和规模，以此来达到最佳状态。

4. 影子价格分析

投入资源的影子价格表示资源的单位投入变化导致的效率变化。在 C^2R 模型中，其经济意义就是 DEA 有效性增量。所以，影子价格可以被用来判断各种投入对决策单元的稀缺性：若某种投入的影子价格相对较高，表示该投入对其系统的效率影响较大,是稀缺资源,要扩大对其的投入。

由于南京市的创新技术效率的问题主要是技术效率方面,为了分析投入对于纯技术效率的影响,需要计算各种投入因素的影子价格。由于各种投入具有不同的量纲,为了去掉量纲对影子价格的影响,需要对数据进行标准化,将每种投入因子转化为最大值的百分比,并以此为基础,进行 DEA 建模,得到各种投入的影子价格。具体的,将各种指标按照百分制评分,计算每种指标的最大值,并将每个地区的指标除以对应指标的最大值,将标准化的结果代入 DEA 模型进行计算就可以得出投入资源的影子价格(需要特别说明的是,使用标准化的数据进行计算并不影响各种效率值以及规模收益)。

表 4-10　各地区大中型工业企业技术创新的投入影子价格分析

城市	X_1	X_2	X_3	X_4	X_5
南京	2.05	4.86	0.89	0	1.56
苏州	0	8.62	1.51	2.43	1.18
无锡	0	4.51	8.96	1.59	5.62
北京	0	0	0	0	0
上海	0	0	0	0	0
深圳	0	0	0	0	0

(注:X_1 为技术创新活动人员占从业人员比重,X_2 为 R&D 人员占科技活动人员比重,X_3 为科技活动经费支出总额,X_4 为 R&D 经费投入强度,X_5 为技术引进与消化吸收比例)

从输出结果看,南京市大中型工业企业在技术创新方面存在的主要问题如下:

第一,技术创新人力投入不足,人力资源结构不合理。南京市在技术创新活动人员占从业人员比重(X_1)和 R&D 人员占科技活动人员比重(X_2)两个指标上的影子价格相对较高,尤其是 R&D 人员占科技活动人员比重这一指标上的影子价格最高,分别为 2.05 和 4.86。这说明南京市大中型工业企业技术创新在人力投入方面需要引起高度重视。目前企业普遍存在高端技术创新人员不足的现象,尤其是尖端领导人才匮乏已成为技术创新中最显著的矛盾,其制约着企业技术创新能力的进一步提升。

第二,技术创新经费投入需继续加强。南京市在科技活动经费支出总额(X_3)指标上的影子价格虽然不高,仅为 0.89,但仍然可以说明南京市大中型工业企业在技术创新经费投入方面是相对不足的。企业进行技术创新活动需要大量的经费支持,在国外发达地区,一般提取 5% 的销售总额收入,甚至更多,用于技术创新活动,部分全球知名企业科技投入更高。相比之下,南京企业的技术创新经费投入还存在较大差距。

第三,技术创新研发能力不足,消化吸收经费投入缺乏。南京市在反映研发能力的指标技术引进与消化吸收比例(X_5)指标上的影子价格为 1.56,说明南京市大中型工业企业在技术创新研发能力方面还有不足,尤其是消化吸收经费投入不够。在技术引进与消化吸收经费比例方面,日本、韩国技术引进与消化吸收经费占总经费比例约为 1:6,2012 年南京市的技术消化吸收经费占其他技术活动经费比例为 2%,与日本、韩国等发达国家相比存在较大差距。长此以往,南京市大中型工业企业就会造成长期重复引进技术,无法形成自主创新产品,市场竞争力较低。

四、小结

本文的实证结果方面,主要运用 DEA 模型进行横向技术效率分析比较,具体包括综合效率分析、纯技术效率分析、规模效率和规模收益分析、影子价格分析。通过实证分析得出以下结论:

第一,南京市大中型工业企业技术创新还未达到最佳规模状态,可继续适度扩大规模;

第二,南京市大中型企业技术创新人力投入不足,人力资源结构不合理,高端领军人才缺乏;

第三,南京市大中型工业企业技术创新研发能力还需进一步提高,与发达国家相比,南京技术消化吸收经费支出占总研发支出比例偏低,就会造成长期重复引进技术,无法形成自主创新产品;

第四,南京市大中型工业企业的投入资源未被得到充分利用,存在一定浪费现象;

第五,与发达国家相比,南京市大中型工业企业在技术创新经费投入方面是相对不足的。

第三节　基于协同论的南京企业技术创新主体地位提升路径

本节从完善人才引进机制、促进科技成果转化、提升企业自主科技创新能力、构建以企业为核心的产学研协同等方面提出了南京企业技术创新主体地位提升路径。

一、完善技术创新人才引进机制

前面已经分析过,南京企业技术创新人力投入不足,人力资源结构不合理,高端领军人才缺乏,是制约南京科技创新能力的重要因素。我们常说科学技术是第一生产力,而人才资源是其中的第一资源。在当代,科技与人才已成为一个国家和地区的核心竞争一力。如何加快培养科技创新型科技人才队伍,也已经成为人才工作、科技工作的首要任务。企业想引进科技人才,必须具备吸引科技人才的条件。在当前对人力资源的争夺就是一场不见硝烟的战争,谁能够争取主动、抢占先机,谁就能主宰科技创新的脉搏。

(1) 企业优化用人环境,强化管理上以人为本。在企业内部要营造出尊重知识、尊重人才的风尚和氛围。要尽可能地提高高科技人才的物质待遇,这是首要的也是最直接的吸引力。同时建立健全人才奖励机制,充分调动科技人才的积极性和创造性。在管理上要坚持"以人为本"的科学管理,让每个人都能在适合的工作岗位上"谋其事、展其才、显其能、酬其志"。帮助人才、爱护人才,换取人才对企业的理解,从而与企业同舟共济。

(2) 企业建立培训机制,提倡对职工进行终身教育。可以说职工的素质决定企业的素质。对企业员工素质的培养,就是对企业发展的投资。

(3) 企业发展企业文化,优化人才成长环境。国家富强靠经济,经济繁荣靠企业,企业发展靠管理,管理的灵魂是企业文化。大力发展企业文化,增强企业的核心凝聚力,营造鼓励科技创新、宽容失败的氛围,支持青年科技人才脱颖而出,充分调动科技工作者的积极性和创造性。

二、采取有效措施促进科技成果转化

1. 企业与政府协调加强科技成果转化

政府的宏观管理,体现在政府为企业和科研院所、高校之间搭桥、服务、协调、指挥的职能,同时建立和完善协调机制。在这方面,企业与政府协调,共同组成专项技术领导小组,与行业部门和有关行政执法部门联合,定期发布适用先进技术、限期使用或淘汰技术,把加速科技成果转化、促进技术进步作为企业各级领导和政府目标的一部分。

2. 增加资金投入

建立良好的投入机制,是切实搞好科技成果转化的前提和基础。因此,建议采取果断措施,使投入能筹而有向、聚而有量、集而有度、用而有序、管而有力,努力形成多元化、全方位的投入机制。南京在工业科技成果转化方面,企业用于科技成果转化的资金应不低于其年销售总额的3%,大中型工业企业、高科技企业这个比例应该更高。切实鼓励科技人员参与成果转化,在对科技成果无形资产进行评估后,允许科技成果持有者做价技术入股。建立有利于科技成果转化的信贷机制,采取贷款贴息、风险投资等方式,或金融界以投资入股的形式扶持科技项目和科技企业。此外,我们建议建立南京市科技成果转化基金,作为成果转化的引导性资金。

3. 加强科研机构对企业成果转化服务

虽然在本文中,我们没有把科研机构纳入研究内容,但是值得指出的是,科研机构是南京科研成果产出的重要部门,所以应推进南京科研机构进一步深化改革,以产权制度为突破口,积极进行科研单位进行产权制度改革、资产重组和资本运营,加强科研机构与企业联合,并促使进南京科研机构入企业或创办民营高新技术企业及科技服务企业,这样才能将产学研结合落到实处。同时各个相关部门要认真落实税收、贷款等方面的优惠政策,鼓励科研单位转化科技成果。以政府等为主要部门制定的优惠政策,应该对科研院所、大专院校和国有企业、民营企业一视同仁。

三、提升企业自主科技创新能力

如前面所述,南京许多企业注重技术引进,缺乏进一步的研发。因此,南京企业要真正提高其自主科技创新能力,就要注重消化吸收引进国内先进技术,同时企业应积极主动地开展科技创新,抛弃"等、靠、要"的积习,在实践中不断培养和提高企业自身的科技创新能力。科技创新能力真正的提升必须是组织内生的,即如前面所述的只有通过企业有组织不断地学习和面向市场进行产品开发实践才能获得。在这个问题上,"造不如买,买不如租"的观念,是束缚企业科技创新的枷锁,这样的商业逻辑在当代已经行不通。我们不能以短期和局部的商业利益作为企业发展的评判标准。因此,南京企业应该努力真正提高的自主科技创新能力。

这方面西方国家增强自身科技创新能力的历史给我们很好的启示:20世纪60年代末,以欧洲为主的西方国家,冲破美国人极力阻挠,下定决心研制欧洲自己的大飞机,以长达25年、先后投入250亿美元,造出了自己的大飞机——空中客车,在这一领域打破美国独霸天下的局面,欧洲空中客车与美国波音平分天下。针对欧盟实行卫星定位导航系统的"伽利略计划",法国总统希拉克曾强调指出"如果我们不在这个领域有所作为,就不可能建立起一个独立的欧洲,就只能成为美国的附庸。"历史上,韩国也曾大量引进国外先进技术,但是韩国从一开始就注重消化吸收的同时,更注重在技术引进的基础上的再创新,表现在许多领域技术引进消化吸收之比达到 1:5,而在一些关键领域则可以达到 1:12,这样韩国使本土企业自身的自主开发能力得到了迅速提升,从而成就了一批世界知名品牌与知名企业。国外的这些例子可以印证,引进技术只是条件而不是结果,南京产业体系要消化吸收国外先进技术,在此基础上,更重要的是必须建立自主开发的平台,进行科技创新的实践,把引进的技术消化转为自主的知识资产。

四、构建以企业为核心的产学研协同

产学研结合是企业进行科技创新的重要途径,在这方面南京企业长期以来形成科技创新与经济脱轨的状况,尤其是南京大部分中小企业很难在短期内聚集足够的物力、财力、人力,形成有实力的科研开发组织。这种情况下,企业如何充分挖掘高校、科研院所的科技优势,使之与企业物质生产要素有机结合,应该是南京企业目前提高企业科技创新能力的一条有效途径。因此,南京企业要积极寻求与高校、科研院所之间的技术合作,在这样的合作中,企业、高校和科研院所开展科技创新活动可以相互促进,优势互补。南京企业可以利用所合作的高校和科研院所的人才、科研设备、技术信息的优势,结合企业本身在市场、信息和资金等方面的优势,来弥补企业研究开发能力、制造能力方面的不足,从而使产学研联合开发新产品和新技术,使之成为提升企业科技创新能力的一个捷径。

1. 加强南京企业主体内部的协同

协同理论研究对象是协同系统在时间、空间和功能上的有序结构、条件、特点及其演化规律。状态参量是协同系统在内部要素和外界条件之间的相互作用和驱动下,以自组织的方式随时间变化的快慢程度呈现不同。在系统的演化过程中,系统之间通过相互作用形成新的序量,从而达到系统之间的 $1+1>2$ 的一协同效应。随着贝塔朗菲的系统论、哈肯的协同学的问世,系统论、协同理论、协同效应就被广泛应用于管理、经济、哲学等多领域。基于协同论的技术创新主体内部与外部的协同是整体提升企业科技创新能力所不容忽视的。

企业创新系统作为一个典型复杂系统,在系统的运行中单靠一个要素是不能够实现和带动整个系统发展的,企业中的研发人员、管理人员、销售人员甚至后勤人员都在自己的岗位上发挥各自特长,充分发挥其在企业中的推动作用,企业科技创新活动必须依靠企业各种人才的创造性及其潜能的发挥。正如前面我们所概述的企业的技术创新能力包括技术创新投入能力、技术创新管理能力、研发能力、产品生产能力、技术创新营销能力,即企业内部的技术创新是同时涉及技术创新决策主体、技术创新研发主体、生产创新主体等的并行活动过程。它尤为强调技术创新主体系统中要素间的合作性、同步性,要求各阶段技术创新主体打破的阶段限制,转而从技术创新整体效益最大化的高度来审视自己的主体作用。从所调研的资料来看,这又恰恰是南京企业主体的弱项。企业创新系统作为一个典型复杂系统,在系统的运行中单靠一个要素是不能够实现和带动整个系统发展的,企业中的研发人员、管理人员、销售人员甚至后勤人员都在自己的岗位上发挥各自特长,充分发挥其在企业中的推动作用,企业科技创新活动必须依靠企业各种人才的创造性及其潜能的发挥。南京企业科技创新活动的发展依靠企业各部门的紧密合作和共同进步。通过系统理论的研究可以看到,企业的技术创新行为主要集中在企业研究与发展部门、生产制造部门和决策部门形成的企业三大子系统中。研发子系统的主要功能是提出新的设想和新的方案,为扩大和加深企业的科技创新能力,提出新的技术和新的工艺;决策子系统的主要功能是参与进行技术创新活动项目的选择、投资的决策、营销的手段;生产决策子系统的主要功能是发现、阐述、分析和研究市场的需求,为技术创新目标的制定指明方向。显然,企业技术创新活动的开展需要三个子系统协同作用的充分发挥。在开放的科技创新系统中,要素间的关系以复杂的交互作用和非线性的渗透融合等形式存在于系统之中。依照协同理论,要保持系统的持续流动和协同发展,需要系统内部要素的相互影响和作用的同时,还需要建立一种促进系统新的有序产生的反馈机制,在反馈机制的激励和监督下实现子系统间的高程度上的协同,提升技术创新周期,加快技术创新绩效。企业技术创新系统内部应该创造条件促进技术、战略、制度等要素之间的沟通,以及企业研究与发展部门、生产制造部门和决策部门等部门子系统全面接触和交流,实现资源的共享与整合,使得企业技术创新活动得以顺利开展。企业技术创新系统的发展在市场需求和竞争环境下、主导要素在与外界信息的交换中实现系统有序变化的同时,还应该注意系统内如员工的奖惩机制、企业管理规章等,通过正协同反馈机制的激励和控制,对系统进行及时的监控,保障企业技术创新活动各环节的顺利开展,从而保证企业技术创新的真正有效实现。

2. 强化企业为主导的政产学研协同

从调研南京企业技术创新实际来看,企业对与高校、科研院所协同创新作用的重视不足。我们认为,影响企业技术创新主体间协同作用存在政府政策、管理理念、人才激励机制、运行机制等阻滞因素。技术创新活动虽然是多元创新主体共同参与合作的结果,但是,在一个由多个参与体组成的系统,必然存在某一阶段上占主导地位的主体,其他参与者作为协同主体与处于主导主体的参与体相互合作共同完成该阶段的创新活动。从前面分析可以看出,各技术创新参与体在创新活动中的职能作用不同,政府对技术创新活动提供政策法规上的支持,为技术创新活动的稳定发展提供良好的创新环境;高校不仅负责创新知识和技术的转移和传播,而且为技术科技创新活动培养高素质、高技术的创新型人才;科研院所和其他教育咨询机构主要从事科学研究、提供技术咨询等活动,从而对技术创新活动给予基本性的支持。换句话说政府的角色定位是负责制度创新,高校科研机构的角色定位是负责知识创新和人才培养,而其他教育培训咨询的角色定位是提供技术创新过程中的中介服务,它们在技术创新中起到辅助和支持的作用。只有企业是在市场经济需求下,独立完成创新任务,实现创新价值,推动经济发展。因此,在技术创新全过程中,企业占据主导地位,与政府、高校等参与主体共同合作。

南京高校资源丰富,共有53所高校,其中有以南京大学、东南大学为首的985高校,南京理工大学、河海大学等211全国重点大学,也有学科发展特色较强的南京工业大学及科研院所等。2013年,南京市高等院校在校生人数达80.75万人,科技活动人员为47 031人;南京市科技活动人员构成中高校及独立研究与开发机构占比为32.9%;南京市R&D经费分类使用构成中高校及独立研究与开发机构占比为38.2%;南京市研究与开发机构构成中高校及独立研究与开发机构占比为36.2%;南京市高校及科研单位专利申请数为13 869件,专利授权数为6 094件。①

这些大学科研院所有着很强的科研实力,即一流的科研人才及一流的研究设施等,能够为企业提供较前沿的研究成果。从表4-11可以看出,相比2009年,2013年南京高等院校技术转让合同数、合同金额、当年实际收入等指标都有大幅

---

① 数据来源:南京市科技统计要览2014数据册。http://www.kw.nanjing.gov.cn/23846/23860/201505/p020150515321723035032.pdf

提高,南京高等院校对企业技术创新的支持力度在不断加强。

表4-11 南京高等院校技术转让情况(2009年和2013年)

	合同数(项)		合同金额(万元)		当年实际收入(万元)	
	2009年	2013年	2009年	2013年	2009年	2013年
合计:	750	1 104	23 646	46 982	17 113	31 937
其中:专利出售	103	153	3 868	10 316	2 075	3 135
其他知识产权出售	50	38	930	5 441	396	4 961
国有企业	222	266	6 886	15 243	5 530	9 237
外资企业	37	68	1 149	1 982	810	1 366
民营企业	370	574	12 643	22 360	9 072	15 833
其他	121	196	2 968	7 397	1 701	5 501

(数据来源:南京科技统计年鉴2011年、南京市科技统计要览2014年)

企业与高校、科研院所的合作交流是双向的。企业高层管理和研究人员到大学任职使彼此间的了解不断深入。企业人员在大学的任职不仅能有助于大学及时调整学科方向和课程设置,从而使学生所学与企业需求相适应,也能为在高校学生提供就业实习机会,使毕业生能较好地满足企业需求,并且使企业能充分了解大学,充分利用大学的研究能力和人力资源,从而能帮助企业从毕业生中找到最合适的人才。2012年南京市出台"科技九条"政策,允许和鼓励在宁高校、科研院所和国有事业、企业单位职务发明成果的所得收益,按至少60%、最多95%的比例划归参与研发的科技人员(包括担任行政领导职务的科技人员)及其团队拥有;允许科技领军型创业人才创办的企业,知识产权等无形资产可按至少50%、最多70%的比例折算为技术股份。高校、科研院所转化职务科技成果以股份或出资比例等股权形式给予科技人员个人奖励,按规定暂不征收个人所得税。这些激励政策推动了科研院所研发人员进入企业,参与企业研发工作。

第五章　协同创新视域下技术创新主体企业化的经验借鉴

本章介绍了发达国家美国、日本、欧盟、以色列以及国内科技创新城市北京、上海、深圳在协同创新推动技术创新主体企业化方面的先进经验，以期为南京市推进技术创新主体企业化进程提供借鉴。

第一节　协同创新视域下美国技术创新主体企业化研究

一、协同创新视域下美国技术创新主体企业化特征分析

美国创新体系的一个十分重要的特征就是以企业为主体，这种主体地位主要体现在：企业不仅是创新的决策和投资主体，也是研究和开发的主体。在美国创新过程中，75％的研发成果是企业和公司的功劳，同时企业利用了全美国约五分之三的研发经费并吸取了 75％ 的全美科技工作者。企业是美国创新的主体也是创新的最终归宿。创新成果的产业化、市场化最终要由企业去完成，创新的成果和收益由企业和公司共享①。

1. 企业崇尚创新创业的文化

创新本身就是极具风险的行为，每一次的创新行为都带着极大的不确定性。美国企业崇尚冒险和创新文化。在"硅谷"，跳槽十分普遍，而社会不仅接受这种变动，还认为这是理所当然。20 世纪 70 年代"硅谷"的电子公司平均每年的雇员变动是 35％，而小公司则高达 59％②。人才的流动带来了知识外溢，对创新是有利的。美国有一个比较完善的创业渠道。在美国，一旦你有比较好的创新产品、技术，甚至只是创新的想法，你就能够找到风险投资人筹集资金，然后迅速成立一个公司。当公司初具规模后，也能够通过金融渠道上市，进一步发展公司。即使创新

---

① 韩儒博.创新模式研究及其国际比较[D]:博士学位论文.北京:中共中央党校,2013.
② 朱静.美日韩三国技术创新模式[J].亚太经济,2001(3).

成果不符合市场需求,企业无法继续存活,创业者也能够通过美国的风险退出机制"全身而退",不需要承担额外的风险。

2. 企业注重管理创新

在美国的企业管理中,无论是产品设计、生产材料、工艺流程、产品包装、产品推广、销售渠道、支付手段、价格策略,还是企业的经营观念、运营机制、战略管理等,每一个环节几乎都能体现出创新的意识①。美国企业普遍以创新和变革为最高价值观,力求在创新和变化中把握机会。例如,GE(通用电气公司)以"进步是我们最重要的品牌"为基本理念,HP(惠普)则强调"以世界第一的高精度而自豪",微软成功的秘诀则是"不断淘汰自己的产品"②。

3. 创新创业空间集聚效应明显

在美国,创新要素、创新企业以及创新人才出现集中到一个区域的现象。比较典型的创业集聚和创新空间集群的案例是美国的硅谷和波士顿的128号公路。美国的波士顿具有全美一流的科技创新水平,科技资源和人才资源的集聚、完善的创新环境、充足的风险投资、政府的扶持成为波士顿发展的四大主要力量③。在硅谷新成立的创新企业往往都是小企业。一般情况下,只要创新企业的创新产品或者创新技术能够打动风险投资家,企业就能获得风险投资。硅谷模式的主要运营主体包括风险投资家、机构投资者和创新企业家。风险投资家吸纳了养老金基金会(1996年占45%)、基金会和大学(20%)、大企业(18%)、保险公司和银行(6%)的投资,投向新设立的创新式企业④。

4. 企业获得大学和科研机构的技术支撑

斯坦福大学被认为是硅谷成功的摇篮,是硅谷成功之源。诺贝尔经济学奖得主加里·贝克尔认为硅谷附近两所大学,斯坦福大学和伯克利加州大学的教授和大学毕业生在建设充满活力的新创办公司中起着重要作用。波士顿拥有35所大学,其中包括哈佛大学和麻省理工学院等一流学府。研究表明,波士顿的8个研究型大学仅在2001年就为该地区贡献了740亿美元,为4 8750名大学教员和其他

---

① 龚晓青.美国企业管理的学习和借鉴[J].北京市经济管理干部学院学报,2011(2).
② 纪光欣.美国企业的创业之道[J].行政论坛,2002(7).
③ 刘硕,李治堂.创新型城市建设国际比较及启示[J].科研管理,2013(12).
④ 陈坚.高新技术产业与金融的融合——美国硅谷模式的分析与启示[J].国际商务研究,2006(3).

3 700名各类人才提供了工作机会。此外波士顿拥有高度密集的创新人才资源,年轻人和受过高等教育人群的比例位于全美国前列。①

二、协同创新视域下美国技术创新主体企业化环境分析

1. 完善的制度环境

在美国,创新的主体主要包括美国联邦政府、企业技术平台、高等学府和非营利性组织(NGO)。在美国联邦政府这一层面,联邦政府为鼓励创新和企业发展,从财政税收等多方面对企业研发和投资于创新的投资主体提供便捷的服务和优惠的政策。为了组建和不断完善国家科技创新的体系,联邦政府也积极致力于成立国家创新实验室,孕育和培养创新人才和研发新技术。在美国,创新是被政府和社会共同推崇的,完备的法律保护体系、健全的法律制度,在很大程度上也给美国的科技创新提供了良好的发展环境。联邦政府严格执行着保护私有财产、严格维护知识产权、维护信息权利等政策,其中专利法的影响最为广博,对专利的维护使得侵权成本非常惊人,这也为美国的创新体系提供和开辟了良好的社会环境。

2. 完备的金融市场机制

创新是不竭的驱动力,美国国家经济的发展离不开科学技术的创新。从20世纪50年代的新兴半导体材料到70年代的微型电子计算机,再到80年代的尖端生物工程技术,以及90年代日新月异的信息技术产业,都昭示于此。技术与经济捆绑式的发展都离不开资金的支撑,创新本身就是一个风险与收益并存的矛盾体,成功固然是国家和社会乐见的,然而研发的受阻和失败也是存在的。为此,在技术创新的萌芽阶段,不单单需要研发人员的热情,更需要大量资金的支持。美国完备的金融市场机制恰恰能够把未来创新带来的预期收益转化成现成的资金,进而吸纳更多更好的资本进入这一市场。美国拥有世界交易量最大的股票市场,先进的风险投资进入和退出机制。极为丰富的资本市场为美国创新活动注入了鲜活的动力,也刺激了经济的发展。美国站在创新的制高点,集金融市场、研发人员、科学技术为一体,创造了影响全球的国家创新体系。

---

① 刘洪波. 美国波士顿:信息时代创新城市的典范[J]. 中国高新技术产业导报,2007(5).

3. 强劲的市场需求

在上个世纪美国实体经济迅速增长,国民实现增收,国民收入较高且差距相对较小,这给美国的消费带来了一个阶段稳定的增长,更是在现实的意义上为其科技研发和技术创新提供了庞大的内需市场。也是因为庞大的内需动力,让美国技术创新的投入很快就有了产出和汇报,更促进了美国创新的积极性,加快了创新的循环和动力。很生动的例子就是美国汽车业的崛起,汽车业是美国国人引以为傲的产业,在上个世纪,汽车行业是美国经济的庞大动力,其缘由就是美国汽车行业在产品的设计研发、精确专业加工、生产工具改革方面取得了极大的飞跃,如福特汽车的技术研发就大大降低了汽车生产的成本,降低了汽车的销售价格,直接使得汽车销量猛增。从另一层面,庞大的市场需求也促进了行业不断推进自主研发。所以说科学技术的进步已经跳出了完全的知识范畴,走向了更广阔的,与经济、社会、文化并行接轨的新阶段。

4. 创新文化

在美国,小至一个家庭,大到一所研究院、一个高等院校,都充盈着自由的文化。与中国的教育理念和方式不同的是,美国社会崇尚一种启发式教育,引导多于说教,启发多于直抒。在这样的文化熏陶下,美国国民的创新热情被积极点燃,全社会都鼓励和呵护创新的萌芽,这也给创新带去了滋润生长的温床。美国的高等学府和形形色色的学术团体都可以通过各类渠道,获得支撑科研的科研经费。在人才的激励政策上,潜在的创新文化和表象的激励机制都给予创新更多的机会和支持,加之相当发达的证券市场以及专利的保护,使得创新的风险大大降低,创新的收益不断增强。

三、协同创新视域下美国技术创新主体企业化典型模式分析

20 世纪七八十年代,为应对来自日本和西欧国家的激烈竞争,提升国际创新竞争力,美国政府通过重构大学、产业与政府之间新型协同创新联盟,以联邦科研资金的流向为杠杆,引导大学与产业密切联合,共同组建产学研协同创新联盟,最为典型的是美国国家科学基金会管理下的"产业/大学合作研究中心"(I/UCRC)模式。

美国 I/UCRC 协同创新模式发展的成功经验:

(1) 有利于多企业参与的研发取向。I/UCRC 联盟在确定研究领域时,有两

种取向:一种是为某一产业的特殊需求而选取,另一种是为多产业部门共同需求而选取。第一种有利于向那些不能维持自己研究活动的、分散的产业部门提供研究智能,但是很难成功实施,因为研究项目的设计和开展依赖诸多相互竞争的公司的合作能力,这就给公司之间带来了可能的反托拉斯问题,从而导致有利于I/UCRC成功发展的跨公司交流可能因某个公司对失去竞争力优势的担忧而受到限制。第二种强调某一领域技术对多产业部门的通用性,因此,I/UCRC 能够有效地将不具有相互竞争的多家公司的代表聚集在一起,从而消除了反托拉斯问题。从 I/UCRC 联盟的合作机制中可见,产业联盟和研发联盟属于典型的多公司参与的研究取向。

(2) 汇集多方优势资源。许多 I/UCRC 通过国家科学基金会的"种子资金"聘请管理专家和教授,积极吸纳公司参与,并充分利用国家科学基金会前期资助的研究型大学其他院系的研究资源。同时,参与 I/UCRC 联盟的公司通常向 I/UCRC联盟提供绝大部分资金支持(10%左右来自国家科学基金会,90%左右来自产业部门),并向 I/UCRC 联盟捐赠大量的实验室设备。这样就确保了 I/UCRC 联盟必要的研究资源。

(3) 确保联盟成员积极参与。影响 I/UCRC 联盟协同创新活动顺利开展的一个重要因素是大学和公司必须采取新型管理、资助和研究方式,要求各参与方在政策上具有高度灵活性,以便联盟各利益相关者都能够高效投入合作研究项目活动。对此,美国许多研究型大学都制定相应政策,协调大学教授在参与 I/UCRC 联盟创新活动中与大学的使命性职务之间的冲突问题,确保大学教授有充分的时间和精力投入联盟的创新活动。同样,参与联盟的企业方通常建立专门机构将联盟的技术信息向公司的相关部门转移。企业对研究成果的使用依赖于企业参与研究项目的程度,同时联盟主任通常指导企业如何充分利用研究成果。但是设立监控机制跟踪 I/UCRC 联盟的研究活动并不充分,许多联盟要求产业部门高层管理者参与,确保公司研究人员能与大学研究者密切合作,并参与技术评审研讨会和产业咨询委员会会议。

(4) 政府加强顶层设计[①]。I/UCRC 的成功发展依赖于政府的大力支持。首先,政府通过相关政策激励 I/UCRC 发展,如《1980 年史蒂文森-怀德勒技术创新

---

① 范惠明,邹晓东,吴伟.美国的协同创新中心发展模式探析[J].高等工程教育,2014(5):153-158.

法》授权国家科学基金会和商业部在研究型大学创建"产业技术中心",以及《1986年联邦技术转移法案》扩大了"产业技术中心"的内涵,在强调通用技术研发和创新的基础上,将"产业技术中心"更名为"合作研究中心"。《1984 年国家合作研究法》、《1993 年国家合作研究与生产法》和《2004 年合作研究与技术提升法》都为I/UCRC联盟的成功发展提供了政策保障。同时,政府也是 I/UCRC 联盟必要财政支持者。联邦政府通常向 I/UCRC 联盟提供必要的规划资金,帮助联盟建设和初期运作,等等;联邦政府还就具有国家战略意义的、高风险而又没有自身研发能力的研究项目提供长期的资金支持。

(5) 注重跨学科研究。I/UCRC 联盟的一个重要使命就是把不同部门和单位的研究人员汇集起来,组织为跨学科创新团队,以克服传统的学科单一弊病。I/UCRC模式被用来组织那些不适合传统学科的新型研究领域的研究,把各个系科的相关教授集中一起进行新的多学科领域的探索。这种机制跨越了学科界限,也跨越了机构的界限,形成了学科互涉研究模式,有效地将公司实验室的研究者与大学学术研究者集合为创新共同体,增强了协同创新能力。

四、启示

启示一:政府要重视对小企业的创新支持

习近平总书记在中国科学院第十七次院士大会、中国工程院第十二次院士大会上强调,我国科技发展的方向就是创新创新再创新[1]。我国政府对 R&D 资金的投入也主要集中在大企业和国营企业,对小企业的支持比较少。小企业普遍缺乏科研的资金,科技创新的能力不高,热情不够。中国在高新技术产业发展的过程中,过度强调大企业的作用,过度依赖政府的资金投入和政策优惠。[2]

启示二:构建完善的风险投资体系

风险资本能够为创新成果和创新实践者提供资金支持,并且能够让创新成果真正地流向市场。创新的过程需要资金的大力支持,所以风险投资机制显得尤为重要。我国的创新体制缺乏完善的风险投资机制,还没有形成像美国那样的风险投资氛围。

---

[1] 《习近平"创新创新再创新"富含深意》,http://cpc. people. com. cn /pinglun /n /2014 /0610 / c241220 - 25130532.

[2] 陈坚. 高新技术产业与金融的融合——美国硅谷模式的分析与启示[J]. 国际商务研究,2006(3).

启示三：重点培养创新产业集群

我国政府尽管非常重视创新产业园区建设，但目前还没有形成像硅谷和波士顿128号公路地区那样有影响力的创新产业园区。政府应当大力支持创新产业和创新企业的集聚，特别是加强每一个创新产业集聚地区的特色建设，形成颇具影响力的创新产业园。

启示四：健全创新创业教育机制，汇聚高端人才

互联网条件下，创新门槛进一步降低，为创新服务的社会服务体系正不断完善。政府应加大人才计划的吸引性和针对性，推动企业与高校合作，深化高等学校创新创业教育改革，搭建培育创新创业平台，积极培养创新创业人才。

第二节　协同创新视域下日本技术创新主体企业化研究

与西方发达国家相比，日本在经济发展初期的基础薄弱，科学技术的研发力量不足，缺乏欧美那样搞自主创新的现实条件。日本充分利用后发优势，发挥学习效应，采取了"引进技术为主"的技术创新战略模式。但在20世纪90年代之后，缺乏创新原动力的弊端在日本日益显现。长期在基础科学研究方面的投入不足，使日本的自主研发能力越来越弱，最终削弱了日本的国际竞争力。因此，从90年代中期开始，日本的创新战略发生了变化。1995年11月，日本国会通过了《科学技术基本法》，明确地将基本国策确定为"科技创新立国"，从此日本的创新战略从"技术立国"战略变为"科学技术创新立国"战略，二者的不同在于前者主要通过引进和转化来追赶欧美的先进技术，而后者更加注重基础科学研究和自主创新技术研究。日本技术创新主体企业化有以下经验：

一、大企业是技术创新的主要承担者

大企业在日本技术创新体系中起主要作用，与欧美各国相比，日本中小企业的创新地位相比较低。据统计，从研发费用的金额看，日本的民间企业中，研发费用近40％都被前10大企业所占据。日本大企业内部有较丰富的研究资源，企业研发活动依托企业研究所进行，企业之间以及企业与大学之间研究人才的交流不够活跃，跨越组织的研究协作及网络建设落后，这在某种程度上制约了大企业研发能力的提升。随着经济全球化的发展，特别是韩国和中国等国家对技术的追赶，使得

技术创新的竞争日益激烈,日本大企业想要在自己公司内部进行所有的研发也变得困难起来。大企业也开始积极探索与外界展开研发方面的合作的有效渠道,而且这种动向有日益增强的趋势。

二、技术创新以产业为主导

从日本R&D资金投入来源来看,日本产业界在R&D资金投入的来源和使用方面都承担着主要作用。1989年,日本全国研究开发经费总额中产业界投入的比重超过70%,而美国、英国与法国产业界的研究开发经费均只占到全国的50%左右,这表明日本产业界在技术创新活动中有明显的主导地位。二战以来,日本R&D经费来源一直都是"民高官低",相应地民间企业界所占比例为70%～80%。这里有一个很重要的条件就是:日本从1967年开始执行减税办法。该制度规定,无论是个人还是法人的研究经费超过以往最高金额时,所超过部分减少25%的法人税或所得税。1968年减税比例又加大到50%,这项制度极大地提高了企业对开发的资金投入①。

从政府承担的R&D支出比重来看,政府负担的R&D费用占R&D经费总额长期在20%～30%之间徘徊,日本相对于其他发达国家而言较低,政府对产业R&D活动的资金投入较低,对研发活动的支持力度不大,产业界是研发活动的主要执行者。在以产业为主导的技术创新体系下,日本的研发活动更直接地与市场需求相连,在产业化过程中,强调研发活动要能尽快地对市场需求作出反应,从产业界在R&D资金投入的来源和使用方面都承担着主要作用。日本产学研合作一直不很发达,直到1983年日本政府才允许国立大学与工业界进行合作研究。

三、政府对企业的技术创新活动进行诱导、扶植与保护

与欧美国家政府与企业之间的契约关系不同,日本产、官之间保持紧密的协作,政府主要负责协调和管理企业的技术创新活动。主要体现在以下几个方面:一是对企业采取直接的协调性干预;二是制定产业政策来引导企业未来的发展方向;三是提供相关的信息服务来促进技术创新活动的开展。

日本筑波科学城是一个典型的范例。筑波科学城始建于1963年9月,完全由政府资助运行,以其雄厚的科研实力闻名于世,内有筑波大学、产业技术综合研究

---

① 科学技术政策史研究会.日本科学技术政策史.上海:上海:科学技术文献出版社,1998:112.

所、高能物理研究所、筑波宇宙中心和国立公害研究所等在内的国立科研及教育机构 46 家,私营科研机构 300 多家,研究人员约 13 000 人,其中,外籍研究人员 4 105 人,5 684 人获得博士学位。筑波科学城以基础科技研究为主,属于国家级研究中心,同时也是日本最大的科学中心和知识中心。筑波科学城的成功经验包括:一是文化机制。日本强调下级对上级的服从和个人对企业的忠诚,日本企业对员工采用的是终身雇佣制,科技人员之间相互跳槽和相互交流很少。二是产学研机制。筑波科学城内从事的多是基础研究,而不是工业应用,政府有意通过吸引私人公司入驻来加强产学研的结合。三是创新机制。筑波科学城由日本科技局、计划局主管并设置,下设"研究机构联络协议会"协调各方工作。筑波科学城集中了日本国立科教机构 46 所,占全国总数的 30%,机构内的专业人员约占全国总数的 40%,年度科研经费约占总数的 50%,创新资源的配置效率较高。四是风险投资机制。筑波科学城发展历史过程中政府的资金投入占主导地位,同时日本筑波也在探索多种投资渠道,充分调动企业和社会的财力,发挥民间企业的积极性,目前资金来源主要靠地方公开团体、财团和企业、财团与政府合建。投资渠道的多元化为筑波的发展注入了长久的发展动力。五是政策机制。筑波科学城建设的法规相当健全,如《筑波研究学园都市建设法》、《高技术工业积集地区开发促进法》等。同时,税收优惠政策也较完善。如"技术城促进税则""增加试验研究费税额扣除制度"等税收政策,有力地保障和促进了科学城区的发展。六是人才机制。日本很早就意识到,科学竞争其实质是人才竞争。据日本文部科学省公布的《教育指标的国际比较》,日本在 2000 年全日制高等教育的入学率为 49.8%,如果包括函授制、广播电视大学的正规课程和专修学校专门课程的高等教育机构入学者,进入高等教育机构的入学率就达 71.9%。[1] 日本还是吸收海外人目前受惠最多的国家之一,主要通过三种途径吸收海外人才:一是通过高薪聘请国外一些专家,来日本进行学术交流。二是经常举办国际学术交流,形成良好的研究氛围,吸引海外人才。三是日本跨国企业直接聘请各国的精英为己所用,特别是在亚洲,每年引进当地的精英以 20% 的速度在递增。日本企业还很擅长通过与政府的研发网络,海外的实验室及其他公司的合作来获得重要的知识来源和人才。[2] 日本政府设法吸引科技人员和

---

① 张利华. 日本战后科技体制与科技政策研究. 北京:中国科学技术出版社,1992:158

② 科学技术政策史研究会. 日本科学技术政策史. 上海:上海:科学技术文献出版社,1998:112

科研机构的迁入,同时又注意控制人口规模,由此为科技园区人才提供了良好的生活和发展环境。

四、非常注重多种方式的产学研合作

日本的产学研结合最早起源于二战前,在 20 世纪五六十年代初具规模,到了 70 年代末 80 年代初,随着日本科技立国战略的提出而得到政府的日益重视,并得到迅速发展,形成了独具特色的合作方式,主要有以下几种:

1. 受托研究制度

即高校接受来自民间企业和中央其他政府部门委托的课题项目,同时按照委托者的要求,双方就研究的范围、期限、经费、专利和版权所有、保密责任等签订合同,通过合同的形式实施委托研究,向企业等部门提供研究成果,以此协助民间企业等部门的研究开发,同时根据研究成果由委托者支付报酬。1995 年文部省等相关政府部门推出"促进特殊法人等部门有效利用政府资金开展基础研究的制度",鼓励国立大学接受委托研究,为学术研究创造了更加良好的环境。近年来,日本高校接受的企业委托研究课题和委托费都有所增加。

2. 共同研究制度

该制度创立于 1983 年,其主要方式是国立大学接受企业的研究经费,并把企业的研究人员请到高校的研究所、理工科教研室和专门设置的研究开发中心等地,与高校的研究人员一起平等地进行同一课题的共同研究,以获得高水平的研究成果。共同研究所产生的发明专利权等研究成果归研究各方共有,而产方在一定期限内可以优先实施。该制度的建立将国立大学的研究能力和企业的技术能力结合起来,创造出很多优秀的研究成果,同时在一定程度上为产业部门进入大学从事研究提供了条件,也鼓励了产业部门参与实施专利的积极性。这种新的模式实施以来,各方的关心参与程度与日俱增,合作项目逐年增加,日本政府不断完善相关规章制度,以鼓励更多的国立大学和企业参与共同研究。

3. 受托研究员制度

即企业聘请高校的研究人员对企业的技术研究人员进行指导,帮助企业提高其研究、开发能力以及技术人员的技术水平。

4. 奖学捐赠金制度

日本产业界资助高校的教学和科研活动,是自日本产学研结合出现以来就一直存在的较为普遍的产学研结合形式之一。由于后来产业界资助高校的款项和金额逐年增加,日本文部省于 1964 年就创设了这种奖学捐赠金制度,对资助金的接受和使用方面作了具体规定,这一制度对于活跃和振兴学术研究起了积极的推动作用。

5. 捐赠讲座、捐赠研究部门制度

这一制度制定于 1987 年,是指国立大学可利用民间企业捐赠在国立大学开设"捐赠讲座"或"捐赠研究部门"。

6. 共同研究中心

为促进高校(科研院所)与企业开展共同研究,日本文部省自 1987 年起对那些重要的大学研究机构、国立大学附设研究所等,配备大型的研究设备和大量的研究资料,整建成更适宜进行大型化、综合化研究,面向国内及国际开放的共同研究中心。共同研究中心作为国立大学与产业界联系合作的窗口,是产学研协同的场所。

五、重视中介机构的建设

在日本的科技创新体系和产学官协同推进机制中,众多的中介机构起到了"桥梁"的作用。最主要的实施机构有:科学技术振兴机构(JST),其职责是根据文部科学省确定的方向,自上而下地分配科研经费,包括独立行政法人的经费、各种资金和计划经费;振兴会(JSPS),其职能是分配文部科学省拨款的科技研究费补助金,个人研究者的自由想象和提出方案—确认独立的领先的研究并给予补助—发展研究活动和学术振兴,属于自下而上推进型。由此可见,日本产学研结合主要是由中介服务机构实现的,特别是对于众多的中小企业的技术创新活动。

六、启示

启示一:重视科技人才的培养,从多个层次方面来推动劳动结构的升级。

启示二:产学研结合主要是由中介服务机构实现的,特别是对于众多的中小企业的技术创新活动。

启示三:引导社会把更多的资金投向技术创新,最终形成企业自我积累、政府投入、金融信贷支持以及社会融资的多元化融资渠道。

启示四:重视企业技术引进消化吸收中的合作创新。

第三节 协同创新视域下欧盟技术创新主体企业化研究

欧盟"欧盟框架七计划（The 7th Framework Programme）"与"地平线 2020 计划（Horizon 2020,缩写 H2020）"

一、欧盟框架七计划

1. 实施背景

20 世纪 80 年代,新一轮的技术革命使国际竞争加剧,欧盟科技发展受到内外压力,一方面美国在科技创新领域保持领先地位,中国、日本、印度等亚洲国家出现赶超之势;另一方面,欧盟层面的研发合作力度不够,研发规模经济性不强,资源配置没有得到优化。1984 年欧盟提出了"研发框架计划",全称是"研究、技术开发及示范框架计划",简称"框架计划"。到今天已历经近 30 年、7 个框架计划。"框架计划"集中分散的研发基金,促进关键学科发展,打造更具活力的开放式研发系统。

框架计划的重点在于提升欧洲产业竞争力,其贡献在于推出确立了未来欧洲合作的模式,并把各个分散的预算总和起来。框架计划与 1957 年签订的《欧洲经济共同体条约》(与《欧洲原子能共同体条约》统称为《罗马条约》)相悖,因为《罗马条约》中明文指出禁止对特定企业进行帮助。这就导致欧盟一方面希望能够促进总体竞争力水平的提高,另一方面又不能支持特定企业。1987 年通过欧盟《单一欧洲法令》,随后《欧洲经济共同体条约》的第三部分增加的关于"研究与技术发展"的第六篇,逐渐放宽了对企业自主的限制。《单一欧洲法令》和《马斯特里赫特条约》的出现,为框架计划的发展提供了基础保障,同时也为框架四计划的转变埋下伏笔——这个新的科技研发计划所遵循的是科技为经济和社会服务的原则,也就是说把科技发展与社会进步以及经济增长的目标更加紧密地联系起来。1995 年到 1996 年,欧洲相继出台《创新绿皮书》和《创新行动计划》,其基本目的都是要提升欧洲的创新竞争力和将技术研究成果与技能转化成创新和竞争优势的能力。1998 年欧盟出台的框架五计划中,强调"创新"是该计划的基本目标,并将创新因素融入其中主要的科研计划当中,用以保证研究开发和技术转让的顺利实施。随着 90 年代知识经济的出现和兴起,框架计划除了强调"创新"之外,对于知识产权的重视和保护也逐渐上升。框架六和框架七计划中新增了大量对知识成果的分配、转移和传播的条款。

2. 框架计划的周期和预算

框架计划始于 1084 年,在 30 余年的发展历程中,随着经济水平的发展以及科技创新在经济增长中作用的增强,框架计划的周期逐渐增长,比如 FP1、FP2 周期为 3 年,FP3、FP4、FP5 周期为 4 年,FP6 周期为 5 年,FP7、H2020 周期为 7 年。同时框架计划预算呈现的是大幅度增长的趋势。其中,FP4 计划比 FP3 计划预算增加一倍,达 123 亿欧元;FP7 计划比 FP6 计划预算增加近五倍;从 1984 年的 FP1 计划至 2014 年的 H2020 计划,预算增长了近 20 倍(见表 5-1)。

表 5-1 框架计划周期和预算表①

计划	时期(年)	周期(年)	预算(亿欧元)
FP1	1984—1987	3	37.5
FP2	1987—1990	3	53.96
FP3	1990—1994	4	66
FP4	1994—1998	4	123
FP5	1998—2002	4	149.6
FP6	2002—2006	5	175
FP7	2007—2013	7	505.21
H2020	2014—2020	7	770

资料来源:Communication from the commission to the European parliament, the council, the European economic and social committee and the committee of the regions. Horizon 2020 - The Framework Programme for Research and Innovation.

正是由于框架计划周期的增长和预算的增加,欧盟整合了零散研究资源,持续支持大规模、长周期的研究项目,有效地实现了创新资源的配置,取得了较好的创新成效。

3. 框架计划的主要支持研究领域

优先研究领域是在充分权衡科学发展趋势、国家发展目标以及社会和经济发展需求的基础上予以重点支持,以期获得最大回报而确立的未来发展的主攻方向与重点领域。在资源有限的情况下,一个国家或联盟无法对所有的科研活动进行支持,必须根据社会发展的需求选择优先领域予以重点支持。

① 徐慧. 欧盟"地平线 2020 计划"及对我国"2011 计划"的启示[D]:[硕士学位论文]. 杭州:浙江大学,2014.

从表5-2可知:(1)框架计划支持的"主要研究领域"的数量不断增加。比如FP1计划主要研究领域只有能源1个,而到了FP6计划,支持的主要研究领域涉及生命科学、信息技术、航空航天、智能材料多个领域。(2)优先研究领域的确定与社会经济发展息息相关。比如,在FP1～FP6计划,信息技术和通信、能源、生命科学、工业和材料技术的研究一直都占据着重要地位;到了FP7计划,框架计划对空间技术、社会经济研究以及运输领域的关注逐渐增强。

表5-2 框架1-7计划的优先研究领域①

框架计划	主要研究领域	优先研究领域
FP1	能源	能源
FP2	信息技术、通讯交通、新材料、能源、生物技术、海洋科学	农业与工业研究
FP3	信息技术、通讯交通、新材料、能源、生物技术、海洋科学	生命科学
FP4	信息与通讯技术、工业技术、生命科学技术和能源技术	信息通信技术、新能源、交通和生命科学
FP5	生命和生态系统地研究、信息社会建设、促进竞争力与可持续发展	生命科学、信息技术
FP6	生命科学与基因、用于健康的生物技术、信息社会技术、纳米技术和纳米科学、智能材料、新制造工艺和设备、航空航天、食品安全与质量、可持续发展、全球变化和生态系统、知识社会的公民和政府、更大领域范围的专项科学和技术研究活动、联合研究中心的活动	生命科学、信息技术
FP7	健康;食品、农业与生物技术;信息与通信技术;纳米科学、纳米技术、材料与新生产技术;能源	空间技术

资料来源:关健,刘立.欧盟框架计划的优先研究领域演变初探[J].中国科技论坛,2008(1):136-140

4. 框架计划的项目规模和参与者

框架计划参与机构主要有三大类:高等教育机钩、科研机构、企业。根据欧盟委员会2011年发布的影响评估报告来看,三类机构数量占比例均在90%以上,并且高等教育机构逐渐取代企业,成为参与框架计划比例最高的机构,从获取资助金额方面看,高等教育机构和企业基本持平,且占总资助的比例要高于科研机构。而在我国,大型科研项目的主要参与者是高等教育机构、主要资助对象也是高等教育机构。

---

① 资料来源:关健,刘立.欧盟框架计划的优先研究领域演变初探[J].中国科技论坛,2008(1):136-140.

5. 框架计划取得的成就与经验

(1)主要成就:框架计划运行了 30 年,在各个方面都取得了较大的成就。

第一,框架计划集聚了大量优秀人才。框架计划吸引了大量来自欧洲内外的顶尖研究机构和研究者,促成了许多跨领域、跨国的合作。据统计,世界排名前 100 的大学有一半参与了 FP6,欧洲 R&D 投入排名前 34 位的企业中有 31 家参与了 FP6。[①]

第二,框架计划提升了欧洲研究机构的研究水平。由于计划积极推进培训项目,促使了科研学者在欧洲内外的流动,提升了研究机构的研究水平。

第三,框架计划产生了大量知识成果。计划中诞生了许多专利、高引用率的文献和出版物,这些促成了新技术和新模型的使用,帮助参与者获得经济收益。

第四,框架计划对欧盟经济、社会和环境产生了显著的积极影响。据统计,1 欧元的 FP 资金投入可带来 13 欧元的工业增加值,又如 FP 每年为 UK 贡献工业产出超过 30 亿英镑。

(2)主要经验:由于框架计划的参与者是来自不同国家的不同机构,合作者之间思想、文化、背景差异较大,这些参与者之间的协同创新问题是框架计划有效执行需要解决的首要问题。框架计划在运行过程中形成了一套高效的项目遴选机制、项目管理机制、人才机制、成果扩散机制等。

第一,精确的项目遴选机制。框架计划的参与者可在欧盟委员会的官方网站上注册,通过填写申请表,可公开寻找诉求相符、条件合适的合作者,解决了地理空间障碍。框架计划选择项目有一定的导向型,明确支持中小企业参加、为中小企业服务。第五个框架计划着重强调中小企业的参与,也表现出欧洲科技和创新政策对社会发展和环境变化的顺应[②]。第六框架计划则将重点放在了国际合作上,其中特别提到支持中国参加该项计划事宜。鼓励时间在五年以上、经费大于几百万欧元的大型项目[③]。

第二,严格的项目管理机制。框架六计划中的全过程管理注重资源、合作与细节管理,以避免获得资助的项目出现与社会经济发展脱节或可操作性低等问题,以

[①] 数据来源:Horizon 2020,commission staff working paper. Impact assessment.

[②] 桑倞. 欧洲联盟创新政策浅析[D]. 北京:中国社会科学院博士学位论文,2002.

[③] 崔德刚,黄宁. 欧盟第六框架计划及启示[T]. 计算机集成制造系统,2003 (2):163 - 166.

便于提高欧洲产业的国际竞争力和可持续发展能力①。框架七计划特点之一是实行弹性管理,其第六阶段侧重项目评估,这是政府检验项目结果是否与财政支出初衷相一致的有效措施。框架计划允许承包商邀请第三方审计机构进行审计,并对其充分信任。

第三,先进的人才政策。自 FP3 起,欧盟就将"人力资源计划"列作单项,通过支持研究人员的流动和发展来加强框架计划的国际合作。一方面,它支持欧洲研究人员去海外开展研究,另一方面,它吸引非欧洲的研究精英和在海外的欧洲研究人员到欧洲发展。随着"玛丽·居里行动"的展开,框架计划对吸引人才、培养人才、留住人才的预算也在不断增长。框架计划在吸引人才的同时,也十分注意保证自身的主体地位。如要求资助对象都必须在欧盟境内有依托单位或即将到欧盟工作。截至 2012 年底,已有 25 000 名研究人员受益于"玛丽·居里行动",该行动在FP7 下的预算达到了 47.5 亿欧元,是 FP6 的两倍,未来预估有 7 万多名研究人员将从中受益。②

第四,高效的科学传播机制。科学传播旨在促进科学和社会之间的对话,一方面促进公众更好地理解科学研究的现状,另一方面使科学家们更好地获得公众对所关心的问题的反馈,使科学和社会和谐发展。不可否认的是,让一般民众了解科学家的科研成果,能够增强公众对科技发展的理解,有助于科技政策实施的成功。很多发达国家都将科学传播作为重大科技项目的重要组成部分。欧盟框架计划的科学传播主要通过两种途径实现:设置独立的科学传播板块;在非科学传播项目中嵌入科学传播的内容。以 FP7 为例,FP7 专门设置了主题为"社会中的科学"的科学传播板块,总预算为 2.8 亿欧元,旨在强调科学家和公众的互动,要求公众对科技项目知情并参与进来。除上述这种专门设置科学传播板块的做法,框架计划还将科学传播嵌入到科研项目中。欧盟把研究成果与公众交流作为申请欧盟框架计划项目的条件之一,交流形式包括展览、辩论、研讨会等。框架计划的项目在成果评估时要求提交相关报告,报告要求项目的社会效应,特别是公众的广泛参与、扩大影响以及成果的使用和宣传计划等进行详细描述。

---

① 郝凤霞,刘海峰,李晨浩.欧盟框架计划研发项目管理机制及其借鉴[J].科技进步与对策,2012 (6):5-11.

② 陈强,余文璨,李建昌.欧盟第七框架计划的开放性分析及启示[J].科学管理研究,2012(8):115-119.

二、地平线 2020 计划

框架七计划(FP7)预定于 2013 年底结束,而 2011 年底恰逢欧债危机的关键时刻,欧盟急需解决的问题是低增长、创新不足、多种多样的环境和社会挑战。解决这些问题最好的驱动力是科学和创新,然而欧洲的科学和创新系统最大的问题是结构创新差距(Structural Innovation Gap),表现为欧洲在专利方面的表现十分疲软,所以欧洲科学和创新的当务之急是要促成技术突破,并把它们转化为新产品、新工艺和新服务。欧盟委员会认为,必须整合欧盟各国的科研资源、提高创新效率,以促进经济领域、科技领域及其他领域的增长。欧盟为整合欧洲科研资源、加强成员国之间的统筹和协调、避免各自为政和条块分割、减少重复投入和重复研究、促进研发合作和成果共享、提高资金使用效率和人员互动频率,决定融合欧盟层面的三大科技创新计划[欧盟框架计划(Framework Programme,FP),欧盟竞争与创新计划(Competitiveness and Innovation Framework Programme, CIP),欧洲创新工学院(European Institute of Innovation and Technology,EIT)]的预算。由此"地平线 2020 计划(Horizon 2020,缩写为 H2020)"诞生。"地平线 2020 计划(H2020)"是欧盟层面最大的科技计划,时间从 2014 年 1 月 1 日至 2020 年 12 月 31 日,于 2013 年 12 月 11 日正式启动。"地平线 2020 计划(H2020)"实施目标是利用科技创新促进增长,增加就业,战胜危机。截至 2013 年 12 月 11 日欧盟公布的财政预算显示,"地平线 2020 计划"的总投资达 770 亿欧元。

"地平线 2020 计划(H2020)"目标之一是打造卓越的科学,这包括:支持有天赋和创造性的个人或团队进行科学前沿的、高质量的研究,以欧洲研究委员会(ERC)主导;开展合作研究,支持未来、新兴技术,开发新的、有前途的研究和创新领域;通过"玛丽·居里行动"为研究者提供培训和职业发展机会;保证欧洲拥有世界级的研究设备(包括电子设备),并让全欧洲以及欧洲以外的研究者使用。目标之二是成为全球工业领袖,主要包括:专项支持信息通信技术 ICT、纳米技术、微电子技术、光电子技术、新进材料、先进制造工艺、生物技术、空间技术,以及这些技术的交叉研究;创造更多的风险投资;在全联盟范围内为中小企业的创新提供支持。

三、欧盟创新政策新举措①

欧盟认为,全球化时代创新创业起到关键作用,实现欧盟经济增长和扩大就业战略目标的新机遇来自可提供的新产品与新服务,而新产品与新服务主要来自三大方面:创新型技术突破、创新型生产工艺与商业模式和非技术创新与服务行业创新。

为此,欧委会最新推出的欧盟创新政策,采取的行动举措主要聚焦于以下5大目标任务:

(1)加大研发创新投入力度,积极资助支持重点优先领域的研发创新活动,特别关注创新型中小企业(SMEs)的可持续发展,主要由欧盟"2020地平线计划(H2020)"负责执行落实。

(2)促进欧盟社会公民广泛参与创新创业及其创新成果商业化推广应用,主要通过欧盟创新公共采购政策、设计创新政策、需求方创新政策、公共行业创新政策和社会创新政策加以引导落实。

(3)强化欧盟现代化工业基础和加速关键使能技术(KETs)市场升级,如纳米技术、生物技术、先进材料、微纳米电子、光子学技术和先进制造等。

(4)跟踪评估创新创业绩效,适时作出符合实际、切实可行的创新政策调整,继续改进完善欧盟创新记分牌、创新创业社会调查和工业企业咨询服务平台建设等。

(5)持续改进完善欧盟创新创业公平竞争环境,积极采取各种优惠政策措施,如投融资便利机制、创新集群、单一市场、知识产权保护、标准规范和明确长期目标任务等举措。

四、启示

启示一:加强协同创新

框架计划和地平线2020计划都强调合作与优势互补,而参与的主要机构都包括高等院校、科研机构、企业、政府、金融机构等,注重学科的多样性和交叉性;创新涉及整条创新链,既强调知识创新和原始理论的创新,又强调成果的应用创新和转化创新。

---

① 资料来源:中华人民共和国驻欧盟使团网站 http://www. chinamission. be/chn/kjhz/kjjl/t1308127. htm

启示二:强调"提升创新能力"目标

自框架五开始,欧盟就将提升创新能力作为目标。在地平线 2020 计划的目标制定中,强调了欧盟整体创新能力的提升,具体表现为完成欧洲研究区(ERA)的建设;在分目标中尤其强调提升中小型企业的创新能力。

启示三:支持中小企业创新活动

地平线 2020 计划的特色之一是倡导大力支持中小企业,在其计划书中不仅明确规定了模块二(成为工业领导者)和模块三(成功应对社会挑战)的预算综合的 15% 是针对中小企业的,还精简了申报的手续,降低了参与的门槛,以方便中小企业成功申报 H2020。这些预算基金以支持中小企业的创新为原则:只有中小企业可以申请该基金,但它们可以自找合作伙伴,同时也允许独立申请;不同的阶段提供不同的支持,可行性研究阶段将允许对项目的可行性进行评估,资金资助将允许中小企业能承接项目、维护知识产权的所有权和必要的外包任务,后续的支持包括了间接地提供服务,包括帮助企业评估风险资本、创新支持和公共采购。

启示四:强调国际合作

H2020 强调国际合作,规定一个项目必须有来自三个国家以上的机构参与。

启示五:强调人才互动和项目成果的扩散

地平线 2020 计划专设"玛丽·居里行动",为研究者提供有效的新式研究训练,提供有吸引力的职业机会,并提供跨境和跨部门的交流的机会。"玛丽·居里行动"支持各个阶段、各个领域、各个环节的研究活动,同时也向世界上所有的国家开放。它在 H2020 中的预算为 65.03 亿欧元,占模块一"打造卓越的科学"的23.3%,占总预算的 7.4%。而人才的流动带动了知识流动和项目成果的扩散。

第四节　协同创新视域下以色列技术创新主体企业化研究

以色列西滨地中海、南临红海和埃及、东接约旦和沙特阿拉伯、北衔黎巴嫩和叙利亚,面积约 2.2 万平方公里,人口约为 776 万(2011 年),其中 75.8% 是犹太人。以色列是一个自然资源十分匮乏的中东小国,大部分国土是沙漠,全年无降雨期长达 7 个多月,水资源和矿产资源高度贫乏。它长期深处领土纠纷、巴以冲突战火边缘,生存与发展条件极其严峻。但是,以色列通过科技创新,一跃成为世界经济与科技强国。以色列的电子、通讯、计算机软件、电子医疗设备、生物制品等高技术产业迅速崛起,实力居世界领先水平,是名副其实的科技研发创新和高技术出口强国。特别是,以色列拥有发达的高新技术产业,其在农业、生物、数据安全、医疗设备等许多产业领域处于世界领先地位。2011 年,以色列 GDP 总量为 2 429 亿美元,人均 GDP 为 31 291 美元,出口总值达到 45.75 亿美元(扣除钻石产业),其中高科技产业出口值为 21.52 亿美元。

一、营造全民创新的文化氛围

以色列自古就有很深的创新文化,民众一直保持着犹太文明的特征——怀疑和争辩,当遇到问题的时候,他们不是绕道而行,而是把问题视为机遇。在以色列,创新并不仅仅局限于现代化工厂和实验室,而更多蕴含于普通人点点滴滴的生活之中,形成了浓郁的全民创新文化氛围。以色列全民创新的文化氛围主要来源于三个方面:一是高度重视教育。以色列拥有世上最高教育水平、最富创业能力及多元文化的劳动力。以色列高等教育保持一个非常高的投入比例,教育经费占 GDP 的比例基本维持在 8%～12%之间。以色列大学的学术力量位于世界前列,7 所主要大学和研究机构(希伯来大学、海法理工大学、特拉维夫大学、海法大学、巴伊兰大学、本古里安大学和魏茨曼研究所)承担了 65%的生命科学研究。根据 OECD "Education at a Glance 2012"报告,25 至 64 岁之间的以色列人约有 46%的接受过高等教育,远高于 OECD 国家 30%的平均水平,12%的人口拥有硕士以上学历,工业从业人员中约 40%从事研发工作。据统计,以色列每 10 万工作人口中就有 135 位的科学家,比例居世界之冠。二是创新型企业数量众多。以色列拥有全世界最活跃、成长最快的创新型企业,是全球创新型企业的一个重要"集聚地"。2013 年,以色列国内高科技企业达到 4 000 家,密度全球最高,每 2 000 个以色列人就拥有一家高科技公司。2013 年度,在纳斯达克上市的公司中,以色列公司数目超过中、印、日、韩及整个欧洲所有公司的总和。以色列靠着全球化创新资源进行开放式创新,并借此拓展发展空间和竞争力,已成为全球研发及创新的中心。除汇聚本土的科技企业如 Amdoc、Checkpoint 外,包括微软、IBM、英特尔、摩托罗拉、东芝在内的全球 200 多家跨国企业均在当地设立科研中心,孕育不少影响世界的科技产品,包括 Windows XP、Core Processor 等。根据以色列工业、贸易和劳工部公布的 2011—2012 年以色列境内投资报告,240 家国外公司已经在以色列建立研发中心并雇佣 5 万多名员工。以色列近 43% 的科技人才,都服务于跨国企业或其研发中心。三是高质量创业者资源丰富。以色列青年人满 18 岁必须先服 3 年兵役,服役期间军方选择优秀新兵参与国防研究计划,范围涵盖软件、无线电通信和生物科技等。国防部邀请一流师资给这些精英培训各类尖端科技课程,再派往各个实验室工作。大部分青年退役后选择读大学,其专业方向非常明确,加之服役时的良好训练,一旦选择创业,成功机会将大大增加。[①]

二、持续保持高强度的研发投入

以色列十分重视研发投入,自 2000 年以来 R&D 投入占 GDP 的比重一直在4% 以上,2007 年更达到 4.84%,2008 年经济危机后,研发投入强度略有下降,2010 年以色列 R&D 投入占 GDP 比重为 4.4%。同期,OECD 国家平均水平为2.4%,美国为 2.75%。以色列全社会 R&D 投入中,来自产业界的比例超过80%。持续稳定的高研发投入,为以色列创新发展提供了强有力的支撑,也是以色列拥有世界级创新能力的重要体现。

三、构建良好的创新创业运营机制

以色列政府主动参与创新创业,与学术界、孵化器、产业投资者、资本市场及其他力量共同营造创新创业机制。

一是积极推动研发领域国际科研合作。以色列非常重视创新系统的开放性和国际科技合作,借助外部力量,取长补短,推动高新技术产业发展。以色列国际科研合作有三种方式:(1) 设立双边科研基金[②]。主要通过国际合作资金与双边协议共同进行创新研发,目的在于有效配置资金与专业资源,在资金与协议保护下,双边国家政府提供人力、设备、顾问专家等援助以及设置双边研发基金,基金通过董事会管理,针对有能力研发新产品的企业,提供补助研发成本的 50% 补助。比如以美双边产业研发基金(BIRD 基金)是全球历史最悠久的双边合作基金之一,由以色列和美国政府在 1977 年联合创建,旨在促进以美两国中小型企业产业技术创新的国际合作。成立至今,BIRD 基金已支持超过 900 个产业合作项目,支持金额总计超过 3 亿美元,资助项目的累积销售金额则超过了 100 亿美元。(2) 签订双边科研协定。两国协议科研合作的指导原则,但各自审批和资助共同科研项目,无须

① 李威. 以色列科技创新的成功经验与启示[J]. 环渤海经济瞭望,2012(11):54-56.

② 范文仲,周特立. 以色列科技创新支持政策[J]. 全球瞭望,2015(16):65-68.

共同出资。以色列与法国、德国、印度和中国等均签订了这类协定。(3) 参与欧洲科技发展计划。"欧盟研究与技术发展计划"是欧洲最重要的科研合作计划,以色列是唯一同时参加欧盟研发框架计划(FP)和尤里卡(EUREKA)计划的非欧洲国家。

二是大力推广风险投资。风险投资业不仅能为高新技术企业提供资金支持,而且又能提供良好的管理和市场服务等各方面的增值服务,有利于提高高新技术企业的成功率,推动高新技术产业的发展。在 20 世纪 90 年代初,以色列创新企业既缺乏资金支持,更缺乏企业管理和市场开拓能力,因而大量倒闭。而当时以色列风险投资极少,国外基金因惧怕风险太大和当地缺乏风险投资人才等原因不愿涉足以色列。在这种市场失灵的情况下,1993 年以色列政府本着"共担风险、让利于人、甘当配角、合同管理、及时退出"的原则,拿出风险资金 1 亿美元设立 YOZMA 基金,专门引导民间资金设立更多的商业性创业投资基金,通过杠杆放大对创业企业的资本支持。Yozma 项目推动了国内风险投资产业的发展,搭建起通向美国风险投资产业的桥梁,保证了科技成果在种子期能够获得足够的资金,加速了科技成果的转化,使得产学研创新链条链接更为紧密。目前,以色列拥有 60 多个风险投资基金,资金额超过 100 亿美元,在全球规模仅次于美国,风投主要集中以色列的生命科学、通讯、因特网技术等产业,人均风险资本投资达到 260 美元,位居世界第一位,是全球风投资金聚集度最高的国家。

三是大力发展高科技企业孵化器。以色列政府高度重视科技成果转化,早在 1991 年就开始设立技术孵化器,直接或间接提供经费支持,帮助高新技术企业组建团队、商业策划、制订研发计划和寻找合作伙伴等。孵化器项目的孵化时间最多为 2 年,最高政府支持资金不超过项目批准预算扶植新兴高科技初创企业,助其快速成长。2010 年以前,以色列每年为孵化器企业提供超过 3500 万美元的资金支持,2010 年以后转而采取"共担风险,但不共享收益"的方式支持企业家创业。据统计,目前以色列孵化器孵化成功率达 50% 以上,每年都有一大批新兴企业通过孵化器成长壮大,尤其在生命科学方面,60% 以上的企业都是通过孵化器发展起来的。

四、形成政产学研相结合多层次的研发体系

以色列在国家、区域、企业和高校等不同层面建立促进科技成果转化的研发机构。在国家层面,工贸部下设工业研发中心,负责协调和管理全国的工业创新产

品和应用技术研究；农业部下设研发中心，聚集田间作物、家畜、土壤与水利、园艺、植物保护与储存、收获后技术及农业工程等7个研究所。在区域层面，全国设立了11个地区研发中心，负责解决本地区特殊的农业、环境、教育、旅游等问题，如约旦河谷研究与开发管理局、布劳斯坦沙漠绿化研究所等。在企业层面，以色列有大量本地企业研发中心、外资企业研发机构以及3 000多家专门从事研发活动的技术创新企业研发机构和技术创新企业，构成了以色列国家创新体系的活动主体。在高校层面，以色列的高等学校设立了众多的研究所、研发中心，从事研发活动的主要机构有7所研究型大学、国家农业科学院、专业国立研究机构和医院以及一些私人非营利机构。以色列的7所大学不仅承担了全部社会科学的研究工作，而且还承担了自然科学与技术领域30%的研究工作。[①]

五、启示

启示一：满足多层次产学研合作需求的创新政策体系。对于前沿性的关键技术，引导企业、大学以及科研机构建立产业联盟或技术研发联合体，在风险共担和利益共享的市场机制基础上，集体攻关、合作创新；对于企业特别是中小企业的一般技术需求，引导企业与大学或科研机构建立一对一的合作创新机制，政府适当提供资金支持，加强产学研合作的网络建设；对于初创企业，在政府资金扶持的基础上，引导社会资本和管理团队的介入，为其提供全方位的服务，加速科研成果的市场转化，培育一批具有高成长性的中小企业。

启示二：大力发展风险投资和孵化器。大力扶持风险投资业，特别是支持技术创新的风险投资企业；建立多元化的投融资渠道，积极调动社会资本，投入到风险投资行业；充分发挥孵化器的作用，建立大量专业的品牌孵化器，大量而稳定地培育中小型高新技术企业。

启示三：加强有利于创新型人才培养的社会氛围。鼓励高校聘用高技术企业的研究人员、高级工程师等到校任教，培养跨学科、跨专业的复合型人才；大力引进海外各领域拔尖人才，特别是掌握关键技术、带动新兴科学和产业发展急需的战略科学家和领军人物，积极开展人才开发国际交流合作；积极营造开放、合作的创新氛围，营造宽容创新失败的工作氛围。

---

① 杨波.以色列科技创新发展的经验与启示[J].上海经济,2015(2):49-52.

第五节 国内典型城市技术创新主体企业化经验借鉴

一、北京

北京推动企业成为技术创新主体的具体做法：

1. 实施企业研发机构建设工程

一是明确企业研发机构定位。按照有科技人才、有研发经费、有科研条件、有研发方向和内容的标准，鼓励支持企业自建或共建重点实验室、工程实验室、工程（技术）研究中心、企业技术中心、（产业技术）研究院、博士后工作站、工业（工程）设计中心、技术检测中心、数据中心、评测中心、创意中心等研发机构。二是支持企业建设高水平研发机构。重点实验室、工程实验室、工程（技术）研究中心、企业技术中心等，优先在具备条件的行业骨干企业布局，提高企业组织技术研发、产品创新、利用和转化科技成果的能力。鼓励以企业为主导，深化产学研合作，支持行业骨干企业和高等学校、科研院所联合建设技术研发平台和产业技术创新战略联盟，合作开展关键技术研发和相关基础研究，重点解决基础技术、基础工艺问题。三是加强企业研发机构的认定与管理。鼓励企业申报认定市级企业研发机构，积极对接国家级技术创新平台，提升研发机构对企业创新活动的支撑与服务能力。四是加大国有企业研发机构的建设力度。支持有条件的中央企业组建中央研究院和专业领域研发中心；鼓励支持军工集团在京设立研发机构，促进军民融合发展；鼓励市属国有企业根据自身发展战略设立研发机构，充分发挥研发机构在技术创新中的引领和示范效应。五是加快推进民营企业研发机构建设。引导和鼓励有条件的民营企业承担或参与产业技术研发平台建设，组建国家级和市级研发机构，开展产业关键共性技术研究。六是鼓励外资企业在京设立研发机构。鼓励跨国公司在京设立研发总部，支持外资研发机构围绕产业技术创新开展研发活动。七是引导企业研发机构集群发展。鼓励研发服务外包、合同研发组织等研发服务新业态的发展，培育集聚一批社会化投资、专业化服务的第三方研发机构，形成研发服务集群。八是促进科技资源向企业研发机构集聚。加快完善科技资源开放共享机制，鼓励财政资金支持资助的科研基础设施和科技项目信息资料向企业开放，鼓励企业及其研发机构通过人才技术引进、合作研发、委托研发、并购等方式整合创新资源。

2. 实施企业研发投入引导工程

一是鼓励和支持企业加大研发投入。综合运用无偿资助、偿还性资助、股权投资、贷款贴息、后补贴、创新券等多种财政资金支持方式,对研发投入持续增长、拥有自主知识产权成果并形成良好经济效益的企业进行扶持。二是落实各项优惠政策;落实高新技术企业认定、技术先进型服务企业认定、职工教育经费税前扣除等税收优惠政策。落实战略性新兴产业、传统产业技术改造和现代服务业等领域的企业研发费用税前加计扣除政策,加大企业研发设备加速折旧政策落实力度。三是加快完善多元化投入机制。支持金融机构设计符合企业需要的金融产品,鼓励银行创新信贷产品种类,发展知识产权质押贷款,扩大企业贷款范围和规模。四是完善考核评价机制。到 2015 年,市属国有重点企业年度研发投入占主营业务收入的比例达到 3%,部分高新技术企业力争达到 10%,将企业研发机构建设、研发投入作为衡量企业创新能力和承担市科技计划项目的重要参考条件。

3. 实施企业创新环境优化工程

一是营造激励企业创新的市场环境。深化新技术新产品政府采购试点工作,通过首购、订购、首台(套)重大技术装备试验和示范项目、推广应用等方式,支持企业研发和推广应用重大创新产品。二是优化技术市场发展环境。大力发展研发服务业,推进企业研发机构成为技术交易和科技成果转化的主要力量。三是创新人才激励机制。加快中关村人才特区建设,推进人才政策和体制机制创新,推动研发机构凝聚一批高端领军人才和创新团队。四是加大对企业研发机构登记注册的政策支持。五是实施首都创新精神培育工程。

二、上海

上海推动企业成为技术创新主体的具体做法:

1. 培育企业技术创新主体

实施"科技小巨人"工程,扩大中小企业创新资金规模,完善和推广企业专项,充分发挥企业在创新目标提出、资源配置和组织实施过程中的主导作用,各类工程技术类研究中心优先在具备条件的行业骨干企业布局。如上海交大与上汽股份、上海文广、上海电气、上海华普、沪东造船等大型企业在项目工程方面进行合作;同济大学等 7 所上海高校与上海汽车工业(集团)总公司共同建立了 17 个校友企业的研究中心;复旦大学与上海石化公司进行技术合作等。推进产业技术创新战略联盟建设,优化联盟组织机制。制定创新型企业建设管理办法,实施"企业加速创新计划",引导和支持企业提升创新管理水平。支持企业编制技术发展规划和路线图,加快建立自主技术体系。

2. 加快推动张江国家自主创新示范区建设

积极促进张江示范区 2020 发展规划的部署实施,优化张江功能布局,拓展发展空间,深化创新功能、产业功能和城区功能。融合发展协同,促进股权激励、人才特区、科技金融、财税支持和管理创新等方面的先行先试,深入开展政策研究和跟踪调研,加强张江品牌建设和对外宣传推广。配合完善张江专项资金使用管理机制,支持功能建设,加快推进张江管理体制机制改革,支持张江管委会机构和职能调整,加强服务协调和考核评估。进一步指导深化紫竹国家高新区建设与发展。

3. 推动区县科技发展

深化市区(县)科技工作会商机制,推广实施区县"创新热点"计划,引导和支持区县发展各具特色的创新集群。深化杨浦国家创新型试点城区建设,支持浦东综合配套改革试点和金山新型工业化专项试点,推进嘉定科学卫星城、桃浦科技智慧城建设、研究中心城区技术创新工作新模式。

4. 加强技术创新创业服务体系建设

加强研发公共服务平台建设,建立健全公共服务规范和协同服务机制,加强用户网络建设,支撑中小企业技术创新和技术转移。鼓励企业等社会力量围绕专业领域建设专业技术服务平台,开展技术服务与管理人员培训。加强市、区县两级科技创业服务机构建设,完善科技创业苗圃、孵化器和加速器等创业服务链。

5. 深化科技与金融结合

着力推动科技金融服务创新,建设科技金融信息服务平台二期,健全"3+X"科技信贷融资服务体系,建立科技金融服务专员队伍,推广科技小巨人信用贷、科技型中小企业履约保证保险贷、科技型中小企业创新基金项目微贷通等科技金融产品,促进投、贷、保联动,民间力量参与科技创业孵化器的建设和运营。

6. 加强技术创新政策的落实与完善

落实企业研发费用税前加计扣除政策,促进扩大加计扣除范围和简化加计扣除项目登记程序等试点。修改完善高新技术企业和技术先进型服务企业认定办法以及高新技术成果转化项目认定办法。

7. 深化国内外创新合作

深化长三角区域创新体系建设,加强创新资源的共享与重点领域项目联合攻关,促进区域间科技成果转移和转化联动。围绕重大科技项目,加强对国际创新资源的跟踪,深化多种形式的国际和地区间科技合作与交流,建设国际科技合作基地,鼓励国际间技术转移和上海企业"走出去"。加强与外资研发机构的联系,促进其与本土机构的合作交流。

三、深圳

深圳推动企业成为技术创新主体的具体做法:

1. 突出自主创新战略引领

围绕国家创新型城市建设,出台一系列创新规划、政策和措施,在政府机构"大部制"改革的基础上,率先组建技术创新委员会,制定实施全国首部国家创新型城市发展规划、六大战略性新兴产业振兴规划和33条自主创新政策,引导社会资源向创新领域聚集。

2. 突出企业创新主体地位

不断完善企业主导产业技术创新的体制机制,90%的研发人员、研发机构、科研投入、专利生产集中在企业,企业成为技术创新的主导者、组织者和风险承担者,形成了有3万多家创新型企业的集群。

3. 突出新型研发机构培育

创办了一批市场导向、研发与产业化一体推进的新型研发机构。

4. 突出提升核心技术创新能力

全面推进核心技术自主创新战略,加大核心技术研发投入,布局重大科研基础设施,努力占领全球竞争制高点。国家超级计算深圳中心投入运行,启动建设首个国家基因库。近三年新增国家、省、市级重点实验室、工程实验室等各类创新载体300余家,相当于之前28年存量总和的近两倍。第4代移动通信技术、基因测序分析、超材料研发等跻身世界前沿。2012年深圳国内发明专利授权量位居全国第二,PCT 国际专利申请量占全国 45%,中兴、华为位居全球企业 PCT 专利申请量第一和第三位。每万人发明专利拥有量 39 件,居全国第一。

5. 突出创新与金融紧密结合

制定实施金融创新政策,设立政府引导基金,推动形成创业投资、担保资金、银行信贷、证券市场、产业基金等覆盖创新链全过程的科技金融服务体系,加速了科技成果产业化。1994 年成立的深圳市高新技术投资担保有限公司是国内最早设立的,为高新技术产业提供贷款担保、投资及咨询服务的专业性公司。1998 年 6 月深圳成为全国首家科技风险投资试点城市;1999 年 8 月深圳市政府发起设立深圳创新科技投资公司;2000 年 10 月深圳颁布《深圳市创业资本投资高新技术产业暂行规定》,在国内首次对创业投资进行了规范和鼓励;2003 年 4 月深圳颁布《深圳经济特区创业投资条例》,这是国内第一部规范和鼓励创业投资的地方性法规。深圳在 2009 年设立了创业投资引导基金,政府分三年出资 30 亿元,引导社会资金流向创业投资企业,引导创业投资企业投资于预期良好的科技项目或者属于鼓励发展范围的初创科技企业,侧重解决种子期初创期企业以及新兴产业早期融资困难问题。1999 年深圳成立了市中小企业信用担保中心,先后经历了启动、规范化和民营化发展三个阶段,引导和激励社会资金建立中小企业信用担保机构。

6. 实施知识产权和标准化战略

深圳是"国家知识产权试点城市"、"国家知识产权示范城市创建市"和"国家商标战略实施示范市"。深圳大力实施"全社会、全过程、全方位"的知识产权战略,建立以专利、商标、版权、商业秘密等为主要内容的知识产权体系。

四、启示

从国内实践经验看,企业要成为技术创新的主体,一方面需要政府要在法律、资金、税收、人才等方面起到引导和推动,另一方面要形成产学研协同创新的局面。

启示一:建全产学研协同创新平台

一是完善制度平台。地方政府应制定促进技术升级、技术创新、技术保护、技术推广、技术运用等相关法律、法规,为产学研协同创新提供法律基础,有效保护和激励创新。二是构建企研共享平台。地方政府应加强引导,采取企业主导、高校与科研院所主导和共同主导等方式,联合研发和技术创新,实现基础研究、应用研究、开发、生产和销售环节的系统整合,提升企研的协同功能。三是搭建服务平台。地方政府必须要调动社会力量参与产学研,如风险投资企业、融资公司、成果转化公司等,建设融资平台、信息平台、技术转换平台。

启示二:规范政府服务职能

地方政府要充分利用本地区的人才优势、技术优势、资本优势和区位优势,围绕创新驱动目标,完善法律体系和科技管理体系,加强知识产权保护,保障合作各方的利益,为产学研协同创新提供政策保障。同时,政府要尊重产业发展规律和市场原则,避免过度干涉市场,干扰甚至破坏有序的科技创投机制。

启示三:提升企业创新效能

对大企业来说,应加大研发投入,建立和健全企业内部的研发体系,不断增强科技创新能力;充分利用高校和科研机构的智库功能、充分利用各种合作平台实现产学研协同创新;同时要增加人力资本投入,不断引进高端科技人才。对小企业来说,应将技术输入和内部创新相结合,充分依托高校和科研机构的技术支持,逐步实现技术创新和产业升级;同时,在创新过程中要注重品牌塑造,逐步向品牌化和高端化延伸。

启示四:促进学研知识转化

充分发挥大学科技园、产学研技术联盟等模式,利用校企双方的实验平台加强技术研发,促进高校、科研机构与企业之间形成良性互动。同时,充分利用市场机制,加快科技创新成果的孵化、转化和产业化,在高校和科研机构条件允许的情况下积极发展科技产业,实现技术就地转化、孵化,培育新型产业。

第六章 协同创新视域下技术创新主体企业化的机制研究

本章首先论述了协同创新视域下技术创新主体企业化必须正确处理好几个关系,包括产学研协同创新中利益主体的关系、政府与市场的关系;其次,分析了协同创新视域下技术创新主体企业化的机制,包括分工协调机制、创新动力机制、科技资源集聚与共享机制、创新文化管理机制、人才引进与培养机制、风险投资机制、利益分配机制、科技体制创新调控机制;最后进行了协同创新视域下技术创新主体企业化的案例剖析。

第一节 正确处理好几个关系

一、正确处理产学研协同创新中几个利益主体的关系

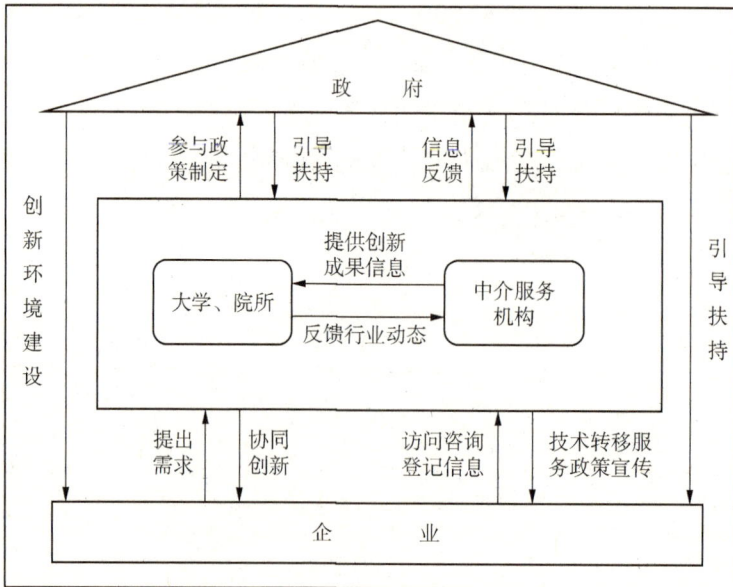

图 6-1 技术创新中利益主体关系

技术创新活动涉及多个利益主体,包括政府、企业、高校、科研院所、中介机构。从技术创新全过程的考察,只有多层次利益主体的共同参与和协作才能使技术创新活动顺利完成。技术创新活动是创新要素围绕创新目标进行的协同和整合过程,技术创新全过程的观点表明:技术创新不仅是一个简单的从新思想的产生,到企业技术创新的集成性与层次性分析,再到科研机构的开发、中试,再生产、营销的线性过程,而且还是企业内部研发、生产以及营销部门和企业、高校、科研院所及政府有关部门相互作用的结果。技术创新系统实际上是由多元利益主体构成的网络系统,各个参与利益主体都在其中发挥着各自的作用。企业是技术创新的主体;大学和科研机构是技术创新的源头和创新人才的培育单位;中介机构是推动知识流动和技术扩散的重要途径;政府制定鼓励和引导创新的政策,创造鼓励技术创新的环境。

1. 政府在技术创新体系中的作用

技术创新活动具有不确定性和创新利润的非独占性,这就导致企业在研究与开发上的投资动力不足、创新能力低效,这在客观上要求一种超出各利益主体的力量来均衡各种关系。政府可以通过制定科技政策来克服"市场失灵",从而促进技术创新活动顺利进行。政府应在以下三个方面激励技术创新:

(1)从供给方面提供保障。政府在供给方面的科技政策工具主要有:一是提供支持创新的政府预算拨款。政府预算拨款是政府科研机构和部分大学科技创新资金的主要来源。政府研究机构的运行和发展主要依靠政府的资助,我国政府对研究机构的经费资助一直以较高的速度增长,2005—2013 年间,年均增长 14.7%。2013 年我国研究机构从不同来源渠道获得的政府经费为 2 291 亿元,比上年增加 310 亿元,增长 15.6%。政府的经费资助为"创新驱动"发展战略在研究机构的实施提供了经费保障。2013 年,研究机构的专利申请量为 37 040 件,其中发明专利申请 28 628 件,比上年分别增长 21.8% 和 22.3%;专利授权量为 20 095 件,其中发明专利授权 12 542 件,比上年分别增长 28.4% 和 14.7%。政府研究机构科技成果的转让增长很快,作为卖方的技术市场合同成交金额从 2005 年的 127.7 亿元增长到 2013 年的 501.0 亿元,增长了 2.9 倍,年均增长 18.6%。政府资金也是高等学校 R&D 经费的最大来源。2005—2013 年,高等学校 R&D 经费中政府资金的占比一直最大,基本保持在 54% 以上。2013 年,高等学校 R&D 经费中,政府资金为 516.9 亿元,占高等学校 R&D 经费的 60.3%①。

（2）从科技创新需求方面提供保障。政府在提供对科技创新需求方面重要的政策工具是政府采购。政府采购活动形成了一个由政府控制的"市场",一方面可以使对国家利益影响巨大的新商品被控制在政府市场之内,以保护国家利益;另一方面,使得那些对社会发展十分重要,但社会上不愿或不敢购买的创新商品得到最起码的市场需求,而不至于因为需求不足而退出市场。美国自 20 世纪 60 年代起,政府对微电子和计算机产业的军工产品进行政府采购,促成了一批高新技术产业群形成,促进了 IBM 公司、惠普公司等高技术公司的成长。德国和英国等国家也通过政府采购,扶持了空中客车公司、阿尔斯通高速铁路公司和核设备公司的发展。

（3）营造鼓励技术创新的环境。一是通过各类科技战略计划,对技术创新进行宏观指导。我国 1985 年 3 月发布了《中共中央关于科学技术体制改革的决定》,确定了"科技立国"的重要战略。1993 年通过了《中华人民共和国科学技术进步法》,以法律形式进一步重申了科技战略的重要性。2005 年 12 月颁布的《国家中长期科技发展规划纲要（2006—2020 年）》提出了到 2020 年我国科技发展的总目标。2012 年党中央国务院印发了《关于深化科技体制改革加快国家创新体系建设的意见》,加快推进创新型国家建设。二是制定实施鼓励技术创新的优惠税收政策。政府对科技创新的公共投入主要有两种方式,原来没有"其中",税收优惠是两种中的一种方式? 税收优惠是间接投入。1981 年,美国通过了《经济振兴税法》法令,该法令规定,企业研究与开发费用超过前三年平均值者,其增加部分可享受 25% 的免税待遇。英国对小企业给予的研发费用加计扣除率在 2008 年由 150% 提高到 175%,2011 年又提高到 200%,2012 年再次提高到 225%。2011 年,OECED 成员国中实施研发税收优惠的国家从 1995 年的 12 个上升到 26 个。三是推动"产学研"一体化。政府在企业、大学及研究机构中间牵线搭桥,做到资源共享与减少重复,促进高新技术产业化。加拿大政府实行了"大学-工业"计划（UIP）,该计划支持企业在大学中进行的合作研究、定向研究等。申请者为大学教师,但必须有大学以外的企业作为合作伙伴参与申请,并且合作企业需匹配资助经费。"大学-工业"计划（UIP）把大学研究成果和企业应用研究成果直接捆绑在一起,既增加了大学的研究经费,又促使大学研究成果转化成生产力,促进了企业技术进步。四是培

---

① 数据来源:中华人民共和国科学技术部网站 http://www.most.gov.cn/kjtj.

养和集聚高科技人才。我国已成为第一科技人力资源大国,2013 年,我国科技人力资源总量达到 7 105 万人,比上年增长5.4％;其中大学本科及以上学历的科技人力资源总量为 2 943 万人,比上年增长 7.2％。我国本科及以上学历科技人力资源总量相当于美国的科学家工程师数量。2013 年我国 R&D 人员总量上升至 353.3 万人年,R&D 研究人员总量达到 148.4 万人年,居世界首位。每万名就业人员的研发人力投入达 45.9 人年/万人,与科技发达国家的差距进一步缩小。五是大力促进风险投资发展。风险投资始发于美国,是扶持美国高新技术领域科技人员创业的关键性手段之一。日本于 1963 年仿照美国制定了《中小企业投资法》,并在东京、大阪、名古屋三地成立了 3 家中小企业投资育成社,逐步形成了政府主导、大财团为主题的风险投资体系。我国创业风险投资也呈现增长趋势。2013年,我国科技型中小企业创业投资引导基金累计投入财政资金30.59亿元;其中,通过阶段参股方式,共出资 20.09 亿元参股了 71 家重点投资于科技型中小企业的创业投资企业,累计注册资本约 150 亿元左右;通过风险补助和投资保障方式共立项 1 411 项,累计安排补助资金 10.5 亿元。中央财政投入 70.5 亿元实施国家新兴产业创投计划,支持设立了 141 只国家参股创投基金,总规模近 390 亿元,间接带动银行贷款和社会资金 638 亿元。从全国范围看,2013 年获得各级政府创业风险投资引导基金参股支持的创业风险投资机构累计达 252 家,政府创业风险投资引导基金累计出资 326.91 亿元,引导带动创业风险投资管理资金规模超过 1 600 亿元①。

2. 大学在技术创新体系中的作用

大学的基本功能是人才培养、科学研究、服务社会。高校学科相对齐全,在社会经济发展中发挥着知识更新、传播创造的作用,高校是知识创新系统和知识传播系统的核心。在教学和科研相结合的基础上,大学承担了培养高素质人才的主要任务。大学不仅培养大量受过良好训练、具有创新能力的学生,还培养高级领袖人才和创业者。比如美国硅谷,相当数量的高技术创业型公司是由大学的师生创立的。

在我国,大学是科技创新的重要力量。2013 年,我国高等学校 R&D 人员全时当量为 32.5 万人年,比上年增长 3.5％。高等学校 R&D 人员占全国 R&D 人员的比重从 2004 年的 18.4％持续下降到 2013 年的 9.2％。全国科学研究(包括基

---

① 数据来源:中华人民共和国科学技术部网站 http://www.most.gov.cn/kjtj.

础研究和应用研究)人员全时当量中,高等学校占 49.4%,高出研究机构 18.6 个百分点。高等学校 R&D 经费 856.7 亿元,比上年增长 9.8%。全国基础研究经费中,高等学校占 55.4%;应用研究经费中,高等学校占 34.8%。高等学校 R&D 经费中,政府资金占 60.3%。高等学校发表 SCI 论文 16.1 万篇,比上年增加 3.0 万篇,占全国 SCI 论文的比重为 83.7%。高等学校的发明专利申请数为 9.85 万件,比上年增长 30.2%。高等学校作为卖方在技术市场签订技术合同 6.4 万项,比上年增长 11%,占全国技术合同的比重为 21.8%;技术合同成交金额为 329.5 亿元,比上年增长 12.1%,仅占全国技术合同成交金额的比重为 4.4%[①]。

3. 企业在技术创新中的作用

技术创新全过程中参与的利益主体很多,但是各利益主体的作用和地位都有明显的差异,企业应作为技术创新的核心主体,在技术创新活动中企业应该处于核心位置。作为科技经济活动的企业主体的技术创新,包括了试验试制、应用扩散、构思设计、发展完善等环节,技术创新的这些环节要顺利完成就需要人才、科技、资金方面的大力支持,在一定程度上这些也只有企业主体可以完成。同时,技术创新作为高风险、高投入的活动,技术创新的开展就有较高的要求,这就要求承担技术创新的主体具备以下特征:有技术创新要求,即希望通过对科技发明的商业应用获得高额利润;有资金以及融资实力,从而保证技术创新的高投入;有风险承受力,有科技活动自主决策权,具有开展技术创新活动的实力等。

我国企业在建设创新型国家中发挥着越来越重要的作用。2013 年,我国共投入研究与试验发展(R&D)经费 11 846.6 亿元,各类企业研究与试验发展(R&D)经费 9 075.8 亿元,占全国经费总量的比重为 76.6%。在企业技术创新活动中,规模以上企业发挥着重要作用。2013 年,全国开展 R&D 活动的规模以上工业企业共 5.5 万个,拥有研发机构的规模以上工业企业共 4.3 万个,规模以上工业企业有 R&D 人员 337.6 万人;R&D 人员全时当量为 249.4 万人年,规模以上工业企业 R&D 经费支出 8 318.4 亿元[②]。

4. 大学、科研院所与企业的协作关系

高等院校拥有天然的多学科优势、丰富的人才资源以及多功能特性,在创新链

---

① 数据来源:中华人民共和国科学技术部网站 http://www.most.gov.cn/kjtj.
② 数据来源:中华人民共和国科学技术部网站 http://www.most.gov.cn/kjtj.

占据着十分重要的战略地位,既要肩负起培养科技创新人才的重任,也要源源不断地输出高质量的科技创新成果。科研院所是科研成果的另一个重要输出体,与高校合作,为协同创新的发展提供支持。企业作为科研成果的应用主体,肩负着创造利润、服务社会的重任,它往往是问题的提出者和科研的需求者。企业与市场和顾客的密切联系,让它们具有更敏锐的洞察力,在科研的选题上发挥准确性和前瞻性的优势。在推进协同创新的过程中,企业在提升自主研发和技术创新能力的同时,也应逐步转换角色,成为协同创新的投资人、责任人、成果使用者,并借此获取技术优势和成本优势,进而提升核心竞争力,更好地服务社会。

近30年来,我国的产学研合作取得了一定的成绩,但与世界强国相比,存在着不小的差距。"世界经济论坛(World Economic Forum)"公布的《2012—2013全球竞争力报告》中,我国竞争力综合排名为29名、产学研合作水平排名为35名中,这与我国在世界经济中的地位是不一致的。马卫华等指出,与西方国家不同,我国各级政府通过政策、投入进行专项补贴,以国家各类科学计划为龙头(包括国家大中型企业研发计划),引导高校与企业进行产学研合作,强调高校通过产学研合作加快科技成果转化,促进企业提升技术创新能力,这在一定程度上促使工科院校在产学研合作上占据了明显的优势。不论是在学校类型上还是在区域分布上,高校产学研合作发展不平衡。胡黄卿等指出当前地方高校在开展产学研合作时,存在着诸多问题,从表面上看主要是合作周期短、规模小、层次较低,而从各方责任上看,主要是校方的重视程度不足。魏诗洋指出我国产学研合作中存在的四大问题是:企业主体地位不明确;知识管理和知识创新管理水平偏低;企业利用技术转移成果的低效率;企业在产学研项目选择的随机性、非规划性、短视性。当前我国产学研转化率不高最突出的原因仍是企业和高校之间缺乏一个既能推动高校学科建设与研究能力提升,又能促进企业自主创新能力提高的转化平台。

2011年4月24日,胡锦涛在清华大学百年校庆大会上发表重要讲话,提出"要积极推动协同创新,通过体制机制创新和政策项目引导,鼓励高校同科研机构、企业开展深度合作,建立协同创新的战略联盟,促进资源共享,联合开展重大科研项目攻关,在关键领域取得实质性成果"。2012年,教育部启动"高等学校创新能力提升计划"(简称2011计划),正式发布"2011计划"的实施方案,并开展"2011协同创新中心"的认定申请工作。中央财政设立专项资金,对批准认定的"2011协同创新中心",给予引导性或奖励性支持。2013年4月11日,首批"协同创新中心"通过

2011 计划认定。实施"2011 计划"是提升国家创新体系整体效能的重大战略决策，是全面提升高校创新能力的重大机遇，也是推进高水平大学建设新的里程碑。"2011 计划"自公布以来，已有 20 多个省市启动"省级 2011 计划"。以江苏省为例，截至 2013 年 7 月，首批立项和培育建设的协同创新中心共协同单位 331 个，包括 160 个高校院所、113 个骨干企业、58 个政府及行业协会；汇聚了一大批国内外人才和团队，其中诺贝尔奖获得者 2 人，院士 109 人，长江学者、国家杰出青年基金获得者近 200 人，国家和省部级创新团队 167 个。在首批通过的 14 家协同创新中心名单中，江苏省由三家高校（南京大学、苏州大学、南京工业大学）所牵头的协同创新中心获得认定。早在 2012 年底，江苏省教育厅会同财政厅就对由江苏省高校牵头的协同创新中心开展了"第一批江苏高校协同创新中心评审认定工作"。评审标准紧扣"2011 计划""1148"的主要内容，高标准、严要求，优秀支持与行业企业关系紧密且企业投入不低于总经费 50% 的协同创新中心，最终在 22 所高校立项建设了 29 个江苏高校协同创新中心，在 11 所高校培育建设 11 个江苏高校协同创新中心。①

表 6-1　首批 14 家通过认定的"2011 协同创新中心"名单②

序号	中心名称	主要协同单位	类别
1	量子物质科学协同中心	北京大学、清华大学、中科院物理所等	前沿
2	中国南海研究协同创新中心	南京大学、中国南海研究院、海军指挥学院、中国人民大学、四川大学、中国社科院边疆史地中心、中科院地理资源所等	文化
3	宇宙科学与技术协同中心	哈尔滨工业大学、中航科技集团等	行业
4	先进航空发动机协同创新中心	北京航空航天大学、中航工业集团等	行业
5	生物治疗协同创新中心	四川大学、清华大学、中国医学科学院、南开大学等	前沿
6	河南粮食作物协同创新中心	河南农业大学、河南工业大学、河南省农科院等	区域
7	轨道交通安全协同创新中心	北京交通大学、西南交通大学、中南大学等	行业
8	天津化学化工协同创新中心	天津大学、南开大学等	行业
9	司法文明协同创新中心	中国政法大学、吉林大学、武汉大学	文化

---

① 资料来源：http://www.ec.js.edu.cn/art/2013/5/27/art_4336_120848.html
② 资料来源：中华人民共和国教育部网站.http://www.moe.edu.cn/s78/A16/s8213/A16_gggs/201304/t20130411_169077.html

序号	中心名称	主要协同单位	类别
10	有色金属先进结构材料与制造协同创新中心	中南大学、北京航空航天大学、中国铝业公司、中国商飞公司等	行业
11	长三角绿色制药协同创新中心	浙江工业大学、浙江大学、上海医药工业研究院、浙江食品药品检验研究院、浙江医学科学院、药物制剂国家工程研究中心等	区域
12	苏州纳米科技协同创新中心	苏州大学、苏州工业园等	区域
13	江苏先进生物与化学制造协同创新中心	南京工业大学、清华大学、浙江大学、南京邮电大学、中科院过程工程研究所等	区域
14	量子信息与量子科技前沿协同创新中心	中国科技技术大学、南京大学、中科院上海技物所、中科院半导体所、国防科技大学等	前沿

二、正确处理政府与市场的关系

在技术创新过程中,政府既不能越位,代替企业进行技术创新,代替市场调节作用,也不能缺位。研究表明,如果创新活动完全由市场机制决定,企业创新活动的资源投入就表现为投入不足。政府对创新活动的激励支持是必要的,但政府的激励不应该扭曲市场对创新资源的配置,不然会导致创新系统效率低下的现象。那么,政府有哪些职能?怎样才能发挥市场机制的调节作用?这是建立高效科技创新体制需要认真研究的问题。在市场经济制度下,技术创新并不能被简单地划分为公共产品或私人产品,而是要根据创新的条件和公共效益来界定政策要采取的干预方式与干预水平。对于私人产品,政府应避免直接介入,主要是创造和维持诚实守信的市场环境和健全的法制环境;而对于公共产品性质的重大技术创新,如重大的基础科研研究项目和重大的技术创新项目,需要协同推进,如合作各方不具备条件或依靠市场难以促成合作的,则政府必须介入、直接组织基础研究和瓶颈技术的研发。政府的主要功能在于创造一个适宜自主知识产权自组织成长演化的外部环境,引导自主知识产权产生、发展过程从无序向有序演化。政府凭借自身的资源优势,研究和公布长期的自主创新战略,创造合适的条件,鼓励和引导创新主体与外部环境进行交流;制定激励技术创新的财政、税收、人才、产业等政策,及时从外部引入新的信息和技术,促进人才、技术、资源等各种自主知识产权成长所需要的要素的自由流动和优化组合,加强技术创新主体与其他组织的交流与合作,不断推进技术创新主体持续有效的学习和调整。

一般来说,工业化早期的研发经费主要由政府筹集,随着工业化水平的不断提高,企业逐渐成为技术创新主体,研发经费来源中政府占比不断减小。20 世纪 80 年代至今,发达创新型国家的政府 R&D 经费占比经历了缓慢下降,直至稳定的过程。1981—1990 年,美国企业研发投入比例已经超过联邦政府投入,但差距并不大,呈现出政企双导型特点。随着冷战的结束,政府逐渐消减对国防研发自助的力度,两者差距才明显拉大,至 2000 年企业研发投入比例上升至 69%,成为企业主导型。但是,在"911"事件以后,联邦政府 R&D 投入占比又开始回升,与企业的投入比例基本维持在 1:2。日本二战后创造了"经济奇迹",R&D 经费长期位列世界第二,但政府占比在 20% 以下徘徊。20 世纪 90 年代,公共投入不足制约原始性创新的弊端逐渐凸显,日本经济陷入长期低迷状态。因此,1995 年日本开始制定并实施《科学技术基本计划》,中央政府科技预算第一、第二、第三期分别投入了 17.6 万亿日元、21.1 万亿日元和 21.7 万亿日元,2011 年第四期投入 25 万亿日元(相当于 GDP1%)[1]。

2012 年,中国 R&D 经费投入总额位列美国、日本之后,据世界第三。但与世界公认的创新型国家相比较,在 R&D 资源基础、创新环境、知识创造与扩散能力、企业创新能力等方面差距仍大。正如"欧洲创新记分牌"(EIS)2006 中所指出:"无论是阿根廷和巴西,还是印度和中国,无论在绝对指标还是相对指标上,都难以与任何一个创新较好的欧盟国家相比。"《国家中长期科学和技术发展规划纲要(2006—2020 年)》提出了中国到 2020 年进入创新性国家行列的明确目标。中国目前尚处于追赶阶段,中国政府一方面要继续加大 R&D 投入,以增强调动全社会科技资源配置的能力;更重要的是要强化科技政策的引导作用,促使企业成为技术创新的真正主体。这是因为,在市场经济机制尚不成熟时或在基础研究领域,市场配置资源的基础性作用未能完全发挥的情况下,政府拥有大量资源,尤其是在科技资源配置上占据着主导地位;企业习惯上乐于争取政府资源开展技术创新活动,政府管理部门也乐于利用所掌握的资源通过各种行政方式指挥和安排企业的技术创新活动,而忽视了以资源配置为政策手段引导企业技术创新的机制设计和制度安排。这种状况衰减了企业技术创新的动力,事实上是把政府推到了技术创新的主导位置上,这不仅对政府把握各行各业技术创新规律、企业技术创新实际需求的能力和精力提出了严峻挑战,更严重的是形成企业技术创新活动对政府资源的依赖

---

① 胡明晖. 从《科学技术基本计划》看日本科技发展战略[J]. 科学管理研究,2012(2):116-120.

性。这种状况不改变,企业是难以成为技术创新主体的。

作为南京市政府科技管理部门,要正确处理政府与市场的关系:一是要梳理现行经济政策,着力营造有利于企业依靠技术创新的逐利空间,创造一个市场机制更善、竞争更加公平的环境,创造一个企业只有通过技术创新才能获得发展的环境。二是要引导技术创新活动。发挥政府对科技投入的引导作用,通过市场经济资源配置方式,引导企业、大学、科研机构开展技术创新活动,避免政府成为事实上的"技术创新主体"。三是要发挥社会组织优势,为企业走创新发展的道路提供路径示范,技术创新信息和共性技术服务支持。

第二节　协同创新视域下技术创新主体企业化的机制分析

一、分工协调机制

企业核心功能在于技术创新和管理创新,院所核心功能在于技术创新,政府核心功能在于制度创新,因此应充分挖掘企业对市场的洞察力和反应能力,推动协同技术成果的商业价值实现,并借助院所大量项目研究信息以及先进、前沿技术的研究动态,为缩短协同创新时间、提高创新成果水平奠定基础,同时发挥政府在协同创新方面的宏观指导与调控作用,贯彻财政支撑作用。

产学研协同创新推动企业成为技术创新主体的协调机制可从四个方面入手:一是建立定期的信息披露制度,及时准确披露技术创新相关信息,提高产学研间信任感;二是建立产学研各方沟通与协商渠道,完善工作协调方式,以提高产学研协同的运行效率;三是建立共同参与协同规划与调整制度,保证协同战略制定和规划调整的科学性与客观性;四是建立良好的约束与激励机制,以进一步规范产学研及其全体员工的行为。

二、创新动力机制

产学研协同创新的形成和发展主要来自企业、政府、院所三方对自身内部的利益、功能、资源的满足和对外部需求、竞争、环境的刺激感应。利益、功能、资源是各利益主体共同追求所在,是产生产学研协同创新的重要内部动力源泉;而需求、竞争、环境能够诱导、唤起、驱动或转化为产学研主体协同意愿,是维持主体之间协同的重要外部驱动力。企业能否成为技术创新主体要受市场需求、竞争压迫、环境推动三大外部动力因素影响,这些因素与政府主体关系较大,因此政府应先在宏观上合理引导市场需求,准确评估区域所面临的竞争态势,推动所在区域基础设施和创新文化建设,为区域创新主体协同奠定外部动力基础。创新活动实践常常存在两种典型创新瓶颈:一是院所因缺乏市场研究、分析和预测,使大量科技成果脱离市场需求;二是企业和院所之间缺乏信任,导致技术知识流通不畅,阻碍了协同创新发展。这就要求企业和院所应寻求具有较大利益潜力的创新产品或项目,充分发挥各自的核心优势功能,相互整合所拥有的资源,共同聚合利益、功能、资源方面的动力。

三、科技资源集聚与共享机制

创新资源主要包括创新人力资源、创新财力资源、创新物力资源和创新信息资源四大部分。创新人力资源要素最具能动性、创造性,因此在各类创新资源要素中处于中心地位;创新财力资源要素是从事创新活动必不可少的资源要素,为创新活动提供财力支持;创新物力资源要素是从事创新活动的硬件基础,为创新活动的开展提供科研基础设施、仪器设备、实验室、中试基地以及工程研究中心等物质资源的支持;创新信息资源对于创新活动的顺利进行具有重要的支撑作用,以知识形态的方式为创新人力资源提供各种科技文献、期刊、专利、光盘数据库等信息资源。创新资源的整合与共享必须遵循市场经济规律,同时结合政府指导不断调整。但由于创新活动具有外部性的特征,会导致市场失灵,政府应制定相关政策对创新活动进行规范、引导。有效的政策供给决定了创新活动的发展方向,并对创新人力资源要素的行为方式、价值观念等加以规范和引导,对创新活动的环境加以塑造,从而有利于创新活动的顺利进行。

四、创新文化管理机制

企业应设立技术研发部门,并在组织架构中占据重要职能地位,在管理上给予员工更多自主权,营造创新工作氛围,在制度上采取更灵活方式,减少创新限制,增大创新激励;政府应在区域内营造允许创新失败、推崇创新的价值观和文化,制定区域创新配套政策,实行创新特事特办等优惠政策;院所应提倡按照技术类别设立部门,推动院所技术创新发展,在管理上建立项目团队,实行项目团队负责制,在制度上鼓励技术入股,并参与技术效益分红等。

五、人才引进与培养机制

可采取培养、引进、稳定三管齐下的方式加大人才培养力度。依托与大学合作,依托高新人才培养计划、科技工程项目,培养批优势学科带头人、科技型企业家等领军人物和复合型人才;加大招才引智工作力度,多渠道引进人才,突出创新团队和核心人才引进,吸引大批高层次人才创新创业;积极探索和完善创新人才培养激励与评价机制,鼓励技术要素资本化,鼓励技术、管理等要素参与分配,激励科技人才创造更多的科技成果。

六、风险投资机制

产学研协同创新是一种探索性和创造性的技术经济活动,风险是不可避免的,因此企业、政府、院所首先应树立风险共担的风险意识,其次还要树立风险与利益对等的观点,及时主动应对风险、规避风险。同时企业、政府、院所应建立正式风险控制机制,通过建立和利用正式的契约、管理制度、质量标准以及知识产权安排等方式,对主体间的创新投入、创新风险、创新收益等进行正式的制度安排或规范。

七、利益分配机制

在企业、院所、政府协同创新过程中,企业利用院所的技术创新成果获取新的市场利润,院所利用企业的市场经验获得一线市场需求信息,开发更加符合需求的技术产品,同时可以与企业合作推动技术成果商业化;政府利用资金、政策支持院所和企业的创新行为,促进企业、院所创新成果的产生,而企业、院所反过来又会因为创新成果的产业化,推动区域经济社会发展。虽然企业、院所、政府三方均能从协同创新过程中获得自身的利益诉求点,但利益驱动程度还要受分配过程的影响,分配协同创新成果的公平性将对企业、政府和院所协同动力产生影响。

八、科技体制创新调控机制

转变政府职能,切实纠正科技工作中行政干预过度、管得过多过细的弊端,为科技进步和创新营造良好的宏观环境。整合现有创新政策,形成促进企业创新的政策合力,最大限度发挥政策的效应。重点是完善鼓励和支持企业技术创新的财税政策、金融政策和政府采购政策,以及财税、金融政策与产业政策、技术政策的协调一致。保持税收优惠激励政策、引进技术消化吸收政策、激励促进创业的金融政策的协调性、稳定性、连续性。

第三节 协同创新视域下技术创新主体企业化的案例剖析

一、江苏先进生物与化学制造协同创新中心案例剖析

教育部、财政部自 2012 年起实施高等学校创新能力提升计划(简称"2011 计

划"），鼓励各类高校组织开展多种形式的协同创新，充分发挥高等教育作为科技第一生产力和人才第一资源结合点的独特作用，为区域经济发展提供强有力的科教支撑。由江苏省经信委、南京市政府主导，南京工业大学牵头，联合清华大学、浙江大学、中科院过程所和微电子所等单位组建了"先进生物与化学制造协同创新中心"。中心面向江苏化学工业高端化的重大需求，围绕产品高端和技术先进两个方面，聚焦生物基化学品高效制造、膜材料与膜过程、有机光电材料与器件、高性能胶凝材料制造与应用等四大创新方向，着力建设江苏新材料战略新兴产业和化学工业节能减排核心创新载体。

1. 中心协同创新模式的要素分析

中心协同创新模式的要素分为组织、人才、资金、技术、物力和平台等。

（1）组织。组织是组成协同创新中心系统的主体，包括地方特色型高校、其他高校、科研院所、行业企业、政府、科技服务机构和金融机构等，其中，地方特色型高校、行业企业和政府是投入的核心组织。

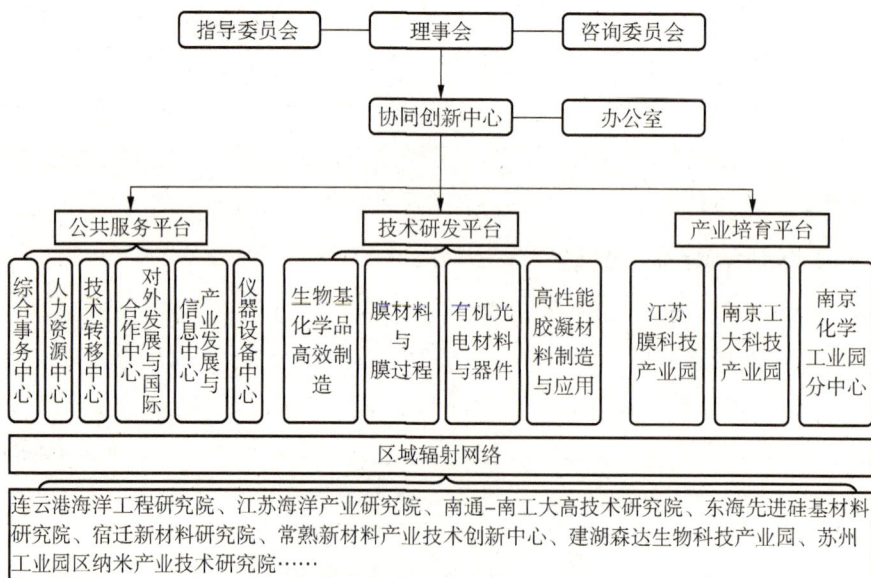

图 6-2　中心组织架构①

（2）人才。人才作为协同创新中心模式要素，其重要作用已经成为共识。协

---

①　资料来源："江苏先进生物与化学制造协同创新中心"网站. http://2011. njtech. edu. cn/view. asp? id=10&class=3

同创新中心已经拥有两院院士 11 名,中组部"千人计划"国家特聘专家 16 名,国家杰出青年科学基金获得者 25 名,长江学者特聘教授 7 名,国家 973 首席科学家 10 名,教育部新世纪优秀人才 13 名,国家"百千万人才"5 名,江苏省"双创人才"计划人才 19 名,江苏省特聘教授 4 名;拥有"国家自然科学基金创新群体"1 个,教育部"长江学者和创新团队发展计划"创新团队 4 个,江苏高校优秀技术创新团队 4 个,"国防技术创新团队"1 个。

(3)资金。资金是保持中心协同创新活动稳定与连续运行的重要因素。中心协同创新需要大量的资金,资金的投入在一定程度上影响着中心协同创新的运行效果,所以,融资难是协同创新面临的主要难题和严峻考验。中心协同创新的主要资金来源是政府直接拨款人民币 3 000 万元,大中型企业的投资以及金融机构的借款等等也是资金投入的重要渠道。

(4)技术。技术是协同创新模式的主要要素,技术能力会对中心协同创新产生重大影响,它决定了中心协同创新的绩效与水平。技术包括知识产权、专利、协同主体的研发能力、科研人员的素质和能力等。中心协同创新系统内部的技术要素之间存在着紧密的联系,可以加快技术之间正式与非正式的沟通与传播。良好的技术要素以及它们之间有效的沟通与传播,可以提高中心协同创新的速率。

(5)物力。物力指协同创新需要的场地、机器设备、能源、原材料等物资。不同的创新主体拥有不同的物力优势,这些物力通过不同的协同主体投入到协同创新中心平台,以确保平台的持续、良性发展。

(6)平台。平台是中心为协同创新提供各种服务的组织机构,是各种要素投入的客体。具体包括公共服务平台、技术研发平台、产业培育平台等。

协同创新中心模式是一种新的协同创新模式,地方特色型高校、兄弟院校、科研院所、行业内大型骨干企业在保持自身相对独立性的同时,它们之间又相互依存,在政府、科技服务机构等组织的推动和支持下组成"协同创新中心"这一混成创新组织。协同创新中心是一个组织,是关键共性技术创新的运行载体。从这一角度看,协同创新中心模式是一种组织创新,相较于产品、工艺和技术等创新,是更高层次的创新。

2. 中心协同创新推动企业成为创新主体所取得的成效

(1)凝练落实协同创新方向。中心面向江苏化学工业高端化的重大需求,围绕产品高端和技术先进两个方面,聚焦生物基化学品高效制造、膜材料与膜过程、有机光电材料与器件、高性能胶凝材料制造与应用等四大创新方向,着力建设江苏新材料战略新兴产业和化学工业节能减排核心创新载体。

(2) 吸引创新型企业参与。参与中心深度产学研合作的企业有中国石化扬子石油化工有限公司、南京九思高科技有限公司、南京第壹有机光电有限公司、中国建筑材料集团有限公司、中国石化仪征化纤股份有限公司、南京工大科技产业园股份有限公司、南京同凯兆业生物技术有限责任公司、昆山龙腾光电有限公司、无锡方圆环球显示技术股份有限公司等国有骨干企业和创新型企业。

(3) 加快人才集聚。协同创新中心已经拥有两院院士 11 名,中组部"千人计划"国家特聘专家 16 名,国家杰出青年科学基金获得者 25 名,长江学者特聘教授 7 名,国家 973 首席科学家 10 名,教育部新世纪优秀人才 13 名,国家"百千万人才" 5 名,"江苏省双创人才"计划人才 19 名,江苏省特聘教授 4 名;拥有"国家自然科学基金创新群体"1 个,教育部"长江学者和创新团队发展计划"创新团队 4 个,江苏高校优秀技术创新团队 4 个、"国防技术创新团队"1 个。

(4) 取得较多的科研成果。中心在新材料产品研发、过程节能减排的重大技术突破并实现产业化等方面取得了较多成果。中心承担的在研部分 973 项目如表 6-2 所示。

表 6-2　部分 973 项目

序号	项目名称	负责人	起止时间
1	水泥低能耗制备与高效应用的基础研究	沈晓冬	2009—2013
2	新一代生物催化和生物转化的科学基础	欧阳平凯	2009—2013
3	面向应用过程的膜材料设计与制备基础研究	徐南平	2009—2013
4	有机纳米材料在显示器件中的应用及相关原理	黄维	2009—2013
5	生物甲烷系统中若干过程高效转化的基础研究	陆小华	2013—2017

(5) 构建了不同层次的平台基地。国家及部级重点实验室主要有材料化学工程国家重点实验室、生化工程国家重点实验室、中国科学院合成生物学重点实验室、多相复杂系统国家重点实验室、精细化工国家重点实验室、催化基础国家重点实验室、高性能陶瓷和超微结构国家重点实验室、有机电子与信息显示国家重点实验室。国家工程技术研究中心有国家生化工程技术研究中心、国家特种分离膜工程技术研究中心、国家压力容器与管道安全工程技术研究中心、国家热管技术研究推广中心、国家生化工程技术研究中心、国家特种分离膜工程技术研究中心、国家

压力容器与管道安全工程技术研究中心、国家热管技术研究推广中心。公共服务平台有国家知识产权培训中心、教育部科技查新工作站、江苏省技术创新协会、紫金科技呼叫中心、科技工商所等。国家大学科技园共有近200家科技型企业入驻大学科技园,其中70余家企业与学校共建研发中心。人才培养中心或基地主要有国家级培训与实验中心、省部级实验教学中心、"大学生创业园"、与多个行业的优势企业成立的研究生工作站等。

3. 中心协同创新推动企业成为创新主体面临的问题分析

(1)如何吸引企业积极参与问题。协同创新中心要实现"围绕科技与经济紧密结合这个核心问题,强化企业技术创新主体地位,加快建设企业主导产业技术研发创新的体制机制"的改革要求,就必须从制度上吸纳企业积极介入,而且企业参与中心的行为,在层次上不应是协议支持,或是专项的项目委托、联合攻关,而应是面向区域发展需求,在中心研究战略、计划实施、人才培养等方面的深度协同参与。企业的深度协同参与应包括设备设施的资产投入、行业专家的人员投入等方面。

(2)如何推动中心实体化运行问题。中心实体化运行应突出管理创新的本质要求,进一步厘清中心人员边界,与院系的边界,协同创新体内部与外部的边界,构建统一的形象识别系统、统一的公共服务行政体系、统一的政策与制度体系,加快推进江苏先进生物与化学制造协同创新中心实体建设。

(3)如何解决人才高效使用问题。一是探索推行全员聘用制度。中心全员聘用制度应以需求为导向、以任务为牵引,实施"按需设岗、公开招聘、择优聘任、合同管理"为核心的人事管理机制改革,形成人员能进能出、职务能上能下、待遇能高能低的局面。二是探索科研项目经理制与完全课题负责制等在中心深入实施,鼓励广大师生带着重大任务到中心建功创业立业。三是探索构建基于创新创业的人力资源体系。创新的原动力来自竞争,需要发挥市场机制决定性的作用。创新中心人力资源体系建设,推动"海外人才缓冲基地"在中心的先行先试;探索设立基于聘任的"2011协同创新编制",服务高层次人才强化团队建设,带动更多的人到经济一线从事创新创业活动。四是探索建立行政管理人员激励机制。中心的行政管理部门全权负责中心的所有行政事务,一般不参与科学研究工作,工作重点是协调各方关系,建立顺畅的合作机制。目前,中心激励制度主要针对科研人员的研究行为,缺乏对行政管理人员的激励制度。

(4)如何开展高水平人才培养问题。人才培养不仅包括协同创新计划相关的学科专业在大学内的培养,也包括协同创新中心内来自大学、来自企业的研究人员和工程师,以及参与的各层次学生,尤其是工程领域的研究生培养。这两种培养都需要在中心的建设完成。目前的《协同创新中心实施方案》中,对人才培养及确保人才培养的教育目标及实现方面考虑不足。在探索"2011"学院建设中,应整合多方资源,加强"2011 协同创新中心"与"2011 学院"之间的优势互补关系。

(5)如何构建科学评价机制问题。目前《协同创新实施方案》中列举的科技产出、人才培养、学科发展等成效评价指标,用于评价一个单项目标是没有问题的。但对于定位于集成科学研究和教育手段、目标长远的社会责任以及协同政府、大学和企业等各方力量的协同创新中心来说,现有的评价指标过于单一化,应该从系统论角度分析,创新评价方法,逐步形成标准化规程。

二、南京代表企业案例剖析

1. 福中集团:创新拓展成长空间

福中集团创立于 1995 年,其前身是南京福中电子设备有限公司。创业伊始,福中公司做新加坡公司显示器代理,靠这块业务完成了资本的原始积累。1996 年 3 月,福中打出了"3+3"服务牌,企业由此走上飞速发展道路。1997 年 10 月,福中公司与熊猫集团联合,建成一条年生产能力达 10 万台福中牌电脑的"福中第一微机生产厂",成为珠江路电脑企业前 3 强。随着 IT 产业市场需求增长下降趋势,福中集团转变发展战略,将发展领域拓展到商业地产、医疗器械以及酒店连锁产业。2003 年,福中集团收购了南京市新技术应用研究所,开始了微波治疗技术研发和制造。2006 年,福中集团与香港老字号福苑酒家合作经营香港福亿祥酒店管理连锁有限公司。福中集团成功实现了 IT 产业的升级转型和医疗器械、房地产、金融投资等产业的全面拓展,拥有 14 家独资或控股企业,员工总数 3 000 多人。2012 年,集团以技术创新为动力,坚持高科技发展,成功将 IT 最前沿的物联网、云计算技术应用到医疗器械领域,开发了医疗科技和信息技术完美结合的健康小屋一体化解决方案和微波治疗系统等高新产品,集团连续 6 年上榜中国民营企业 500 强,且每年排名均有大幅提升。2012 年实现销售额 120 亿元,2013 年预计实现 150 亿元。

(1)IT 产业:创新求变,与时俱进。基于对科技创新的高度重视和全力保障,2012 年全年,集团共有数十项最新研究成果在 IT 事业部转化实施,新产品利润贡献率稳步提升。作为华东地区仅存的本土电脑品牌,福中电脑历经 17 年而不衰,

"3+3服务"在新时期焕发出耀眼的光彩。福中电脑公司推出的多个系列自有品牌电脑在南京大学、南京财经大学、南京航空航天大学、钟山学院等高校,以及省广电、市广电等数十家企事业单位的2012年电脑采购招标中,以卓越性能及"前3年包换,后3年保修"的金牌服务赢得采购单位的一致青睐,累计中标数万台。福中电脑在全省网吧的市场占有率位居行业之首,在网吧渠道一路领先。在国际市场,基于"中国芯"的福中电脑产品具有明显的性能、价格优势,不断拓展拉丁美洲、非洲等新兴市场,全球市场份额也屡创新高。

2012年,福中渠道经营无疑是福中IT事业群最大的亮点。五大国际PC品牌齐聚福中旗下,凸显了大渠道的强大威力。福中代理的戴尔、宏碁、华硕等品牌捷报频传,不断刷新自己的纪录,覆盖市场囊括苏皖70余个县市,旗下500多家经销商,营业额数十亿元,坐稳华东地区渠道霸主地位。

2012年福中电脑公司携手国内知名电商淘宝网打造的福中淘宝官方商城也正式上线运营,以现代化的电子商务销售与物流系统以及人性化的服务,为消费者提供一站式的购物体验,让消费者足不出户便能便捷地购买到福中实体店的商品。

随着电子信息产业的发展,集团在信息化建设、软件研发上启动了全新的发展项目,推出了面向中小企业信息化整体解决方案;针对社区医疗改革开始了小型化、网络化医疗设备的研发,同时进一步引入IT板块的软件和物联网技术,开发了嵌入式医疗软件和远程医疗系统。如今,福中打造的市民健康管理系统、肿瘤中心平台系统、"3+3"服务平台等一系列重点项目已广泛应用于政府、教育、金融、互联网、制造、能源等行业和领域。2012年,福中软件公司销售额达5 000万元。

2013年,"福中3+3电脑医院"项目正式启动,福中电脑昂首进军IT服务外包市场及电子资源回收领域。"福中3+3电脑医院"项目将以南京为起点,不断扩大规模和实力,逐渐从低端走向高端,从南京走向全国,成为全国性的IT连锁服务企业。

(2)医疗器械:把握前沿科技制高点。医疗器械是福中集团实施产业拓展战略之后较早介入的领域之一。在集团"三五"末期,确立了以医疗器械为突破口,实现2015年上市的宏伟目标。目前,IT产业与医疗器械紧密结合,高层次的课题研讨会频频启动;覆盖全国的营销网络加速布局,人才战略的全面实施。

为加速扩大福中微波产品在国内的市场版图,福中医疗高科从2012年初开始,经常召开经销商发展大会,并在全国九大分公司的基础上,总公司增设影像事业部,加速产品升级扩张。

2012年,福中集团前瞻性地将IT产业的技术优势嫁接到医疗器械产业,开发了国内技术领先的"健康小屋一体化解决方案",成功在玄武、栖霞多个社区以及山东、辽宁、浙江等省份多个城市广泛推广应用,获得了省市领导的高度评价。福中健康小屋一体化解决方案通过各项医疗技术和信息化平台,让社区居民及时了解和掌握基于个人健康数据分析的健康指标动态变化、个性化评价及建议,并以此来改善生活习惯、预防疾病,达到防病治病、健康管理的目的。

2013年,福中医疗高科计划与美国华侨合作开发家用医疗检测平台,建立居民自己的"私人医生"系统。该平台收录了上百万种病例及其对应的病理、数据,拥有成熟的检测系统,居民登录该平台,即可实现不用去医院,自己在家中通过常规数据分析,来达到判断身体的健康状态、检测疾病的目的。

(3)房地产:创新运营模式。2003年,福中收购了位于新街口商圈的福中大厦,进军商业地产项目。同时,福中从战略高度出发,选择在徐庄、浦口、江宁投资建立高科技产业园。以北大"中国芯"为核心项目的福中IT产业升级研发生产基地于2009年开工建设,目前一期工程已经建成并投入使用。二期工程也于2012年9月开工建设。位于江宁的福中医疗器械研发生产基地于2009年同期开工,一期已建设完成,将联合通用、西门子、飞利浦、贝克曼等欧美医疗器械巨头,在江宁打造一个具有国际领先的区域性医疗器械产业园。未来5年,福中将以极具前瞻性的眼光,集中优势力量打造出规划设计符合功能定位,建设质量安全可靠,材料选择低碳环保,环境营造注意生态自然,物业管理以人为本,配套设施一应俱全的高科技园区项目。

(4)金融服务:实体经济的助推器。金融服务是福中集团未来进行资本运作、投融资的重要平台,是集团远航的助推器。资本经营是企业发展的高级阶段,它将引领集团的发展到达更高的境界。福中集团在"四五"规划中,制定了"有效增长、稳步开拓、多元产业、协同一致"的发展方针,确立了以实体经营与资本运营双轮驱动为内生动力,实现从战略驱动、能力驱动到资本驱动的战略性转变。目前,集团在文化传媒、基金证券等多个领域进行策略性投资,形成了一批新的企业群体,包括奥尼尔资本基金有限公司、亚洲并购投资基金公司等。此外,福中集团旗下的福信小额贷款公司投入运营一年来,发展良好,圆满完成了各项既定目标。

(5)电商行业:颠覆生鲜电商格局。2014年,福中集团杀入互联网领域,创办小六美鲜电商,更是赋予"3+3"全新的含义,承诺所有订单全部实现同城"3分钟出库+3小时送达",再一次创新举动,彻底改变了电商行业的服务格局,成为生鲜电商公司的服务标杆。在生鲜电商行业,由于生鲜商品的产品标准化低、物流成本高、保鲜程度要求高,且运输耗损大,物流配送服务始终是最大的难点。但是,生鲜电商大战比拼的恰恰就是供应链运营能力。在同行业竞争中,谁能缩短供应链,更好地控制物流成本,保障产品品质和送货到户的及时度,谁就能获得更多消费者的青睐。福中集团凭借民营企业500强的强大实力背景作支撑,自建了专业的物流团队,更好地保障了"3+3宅配服务"。同时,仅在南京就自建了拥有120吨存储能力的产品冷库,搭配国际化的冷链物流系统,做到全程冷链运输。在双十一过后三天,在很多消费者三天都还没有收到快递之时,小六美鲜单天四万多个客户已经用"3小时火速收到"的评价,为新入互联网江湖的"3+3"打了一个满分,也是对小六美鲜"3+3"服务完美的检验和诠释。未来,小六美鲜将在全国所有布点的城市引入这种新的理念和创新服务模式,用做传统产业的优质服务理念,打造电商新模式,以"服务"取胜。①

启示

启示一:创新是企业文化的灵魂。福中集团把企业文化建设看作企业跨越式发展的基石。福中集团通过理念创新和经营模式创新,实现了产业多元化,经过14年的发展形成了从宗旨、使命、愿景、核心价值观到质量观、服务观、人才观、发展观、精神格言、行为准则等系统的福中企业文化体系。福中企业文化又被称为狼文化。狼文化团队的打造,永不言弃的执著追求,是福中企业文化创新的基石。福中集团不仅在IT领域具有自主创新技术、在医疗器械领域也有多项专利产品,又在电商领域开拓了新的天地。

启示二:企业家精神是企业创新的动力源泉。福中集团创始人杨宗义认为,作为一个成功的企业家要具备三个条件:要有标新立异的意识和能力;要有把握市场的意识和能力;要有用于超越自我的意识和能力。福中集团的"3+3"模式的成功源于创新,连锁经营战略的提出完全是杨宗义感受市场、分析市场的结果。福中集团如今已成为横跨IT、医疗机械、房地产、金融投资四大板块的科工贸一体化的大型民营企业,其又在电商领域开拓疆土。杨宗义正在一次次地挑战自我,超越自

---

① 资料来源:http://jsnews.jschina.com.cn/system/2015/11/17/027021063.shtml

我,带领集团奋勇前进。

启示三:知识产权战略保障技术创新。福中集团运用专利制度推进技术创新和企业发展的职能作用,努力营造企业鼓励发明创造,激励科技创新的良好企业内部环境。福中集团专门制定了关于专利申报的奖励方案,包括对公司职员职务发明创造取得专利权的,给予发明人奖励,并计入技术档案,作为技术职称评定、职务聘任、晋升和其他奖励的依据。福中集团根据知识产权的管理现状,制定了以市场为导向、产学研结合的技术创新体系,形成了自主创新的基本体制架构,将知识产权战略与生产经营战略一体化,纳入组织战略的核心部分。

2. 新百药业

南京新百药业有限公司是由南京新百股份有限公司、南京新百房地产开发有限公司、南京外轮供应公司等股东单位共同发起、在原南京生物化学制药厂(始创于1958年)基础上重组改制、以创建一流生物药品基地为目标,集研发、生产、营销为一体的现代化、高科技制药企业。公司产品包括原料药、冻干粉针剂、小容量注射剂(可灭菌、不可灭菌)、固体制剂(片剂、胶囊、颗粒剂)、活菌固体口服制剂。2012年,公司投巨资新建一座高规格、现代化的GMP厂房,单体建筑面积和规模堪称华东之冠。一期(制剂)总投资8 000万元,二期(原料药)总投资2 000多万元。厂区占地面积52 577平方米(合78.88亩),绿化部分45%以上。2013年11月30日,新百药业迎来了注射剂国家GMP认证检查。新百药业通过技术进步和技术创新来提升企业核心竞争力,加快建立以企业为主体、市场为导向、产学研结合的技术创新体系,不断提升自主创新能力。

(1) 加大研发经费投入,实施创新驱动战略。我国医药公司规模一般较小,研发能力薄弱,药企每年只拿出销售收入的2%用于研发投入,远低于国外药企17%～18%的研发投入水平。为了保证研发的顺利进行,新百药业一直十分重视科研经费的投入。2012—2014年共投入研发经费1 304万元,培养各岗位专业技术人员71人,现有研发人员31人,占职工总数的14.28%。2012年,公司建立了面积为3 224平方米的独立研发实验楼,设有发酵研究室、生化研究室、化学合成室、理化室、微生物室等多个研发部门。公司现有生产和质检及公用设备仪器200余台(套)。其中有国内最先进的价值千万元的冻干粉针剂分装联机、小容量注射剂灌封机生产线、大型冷冻真空干燥机、全自动发酵罐、冷冻离心机、薄膜包衣机、全自动包装机以及高效液相色谱仪等先进的生产、研发、检测设备。这些先进的软硬件设备为新百药业自主创新能力的提升提供保障,也为公司开展产学研合作和建立创新平台提供良好基础。

(2)加强产学研协同,促进科研成果转化。新百药业注重整合创新资源,积极与高校、科研院所建立长期合作关系,形成协同创新战略联盟。公司与院校、科研单位联合开发产品,获批 23 个品种的生产批件,其中国内一类新药生产批件 1 个,国家四类新药生产批件 1 个,国家五类新药生产批件 3 个,申请发明专利 7 项,获授权专利 5 项。现阶段公司以巩固和丰富多肽类药物的品种和剂型为主线,持续开发骨肽系列、胸腺肽系列、脑苷肌肽系列、缩宫素系列新产品,并逐步建成规模化的多肽类药物的研发中心和生产基地。公司生产的注射用三磷酸腺苷辅酶胰岛素获批为"南京市高新技术产品",注射用加替沙星、注射用复方骨肽、注射用缩宫素、复方骨肽注射液、蜡样芽孢杆菌片、骨肽片、猪去氧胆酸、肝素钠获批为"江苏省高新技术产品";商标"谷合"获批为"南京市著名商标";商标"熊猫"获批为"江苏省著名商标"。

(3)完善产学研创新平台,增强技术创新能力。新百药业积极与南京市政府、浙江工业大学、南京工业大学共同组建开放性技术创新和成果转化平台——南京新百院士工作站;与南京大学、中国药科大学、南京工业大学等全国知名高校及科研机构合作,共同报批了"江苏省院士工作站""江苏省博士后工作站南京市分站""江苏省企业研究生工作站""江苏省多肽类药物工程技术研究中心""江苏省科技型中小企业",入选南京市科技局科技支撑计划等。创新平台建立,利于新百药业提升开展基础研究和应用研究,提高关键技术和共性技术研究的科研攻关能力。通过与院士团队的深度对接,新百药业开展对多肽类新产品和新技术的研发,实现企业在多肽类药物领域的全国领军地位;开展对发酵工程系列新产品的深层次开发,率先在国内应用新型的发酵与发酵耦合、发酵与分离耦合技术,大大缩短生产工艺流程;对行业共性技术进行联合攻关,利用新型生物制药手段开发新型生物药物,进行工程化和产业化;公司通过引进院士团队的技术成果在企业进行转化和产业化,培育具有自主知识产权的产品和自主品牌,大大提升了企业自主创新能力和产品技术水平。

(4)加强知识产权管理,实施专利战略。对于医药企业,专利是最重要的知识产权。企业在技术创新活动中,对所取得的重要发明创新,应及时取得专利保护。比如新开发的新药,除申请发明专利外,还可以申请包装的外观设计专利等。企业知识产权管理是一项系统工程,企业知识产权制度及其战略实施是增强企业自主创新能力的重要保障。新百药业在积极研发新药的同时,高度重视知识产权的管理。公司构建了知识产权战略框架,配备知识产权管理员,聘请知识产权法律顾问,制定知识产权保护与实施计划,既重视员工的知识产权保护培训,又定期审查适合保护的创新发明。新百药业目前拥有商标 25 个,获得国家发明专利授权 9 项,正在申请专利 9 项,新百药业的知识产权数量和质量都处于行业领先地位。

启示

启示一:创新是企业成长的动力。研发和创新是国际公认的医药企业成长的主要驱动力。新百药业借助"一站两中心"(院士工作站、工程技术研究中心、企业研发中心)科技平台,充分发挥产学研合作优势,以获得最新的技术资源和人才支持,为科技创新保驾护航。新百药业还根据自身特点制定科技创新战略,围绕战略目标制定长、中、短期工作计划,确保科研经费不折不扣投入使用,确保研发工作的中心地位。

启示二:构建知识产权管理体系。在医药行业,一个企业没有创新就没有生命力和竞争力。谁拥有了核心技术的知识产权,谁就可以掌握市场竞争的主动权。知识产权战略直接影响企业的核心竞争力,决定着企业的命运与未来。新百药业的知识产权战略是公司战略的一个重要组成部分,是创新战略的基础和保障。新百药业通过技术创新获得新的市场竞争优势,并通过知识产权保护使得竞争优势得以延续。

3. 南瑞集团

南京南瑞集团公司是国网电力科学研究院为促进科研成果产业化而创建的高新技术企业,具有"计算机信息系统集成一级资质",是"国家火炬计划重点高新技术企业""中国软件 100 强企业""中国独立软件开发 30 强企业""江苏省文明单位标兵"企业和"联合国采购供应商"。科技领先是南瑞发展之本。通过持续自主创新,南瑞取得了大量高水平、具有自主知识产权的科技成果:迄今已完成研究开发项目 700 余项,539 项科研成果通过部、省级技术鉴定;64 项科研成果获得国家级科技奖励,其中国家科技进步一等奖 5 项,国家技术发明二等奖 3 项,国家科技进步二等奖 17 项;451 项科研成果获得省、部级科技奖励,其中特等奖 1 项,一等奖 58 项,二等奖 128 项;获得专利授权 207 项;登记软件产品 138 项;取得计算机软件著作权 122 项。

（1）研发体系健全。南瑞经过多年持续发展，已形成了由南瑞研究中心、各专业研究所和分/子公司研发中心组成的三级研发体系。该体系是理论研究、技术开发、产品研制、生产制造工艺的技术改造等多个层面的有机结合，分别定位于科研开发和产业推广的不同层次和不同周期，形成了从近期到长远发展的理论和技术创新链；总部研究中心集中探索、研究中长期项目，以共性技术和产业扩张的关键技术为其研究重点；各专业研究所主要开展纵向课题研究和对国家电网总部的技术支持服务；各分/子公司研发中心主要根据用户需求和市场变化，承担其业务范围内的技术开发和更新换代产品的研制，不断改进和完善现有产品，并对生产制造环节的加工工艺、产品结构和外观、生产流程不断进行改进完善，提高产品的整体品质和生产效率。

（2）科研成果转化率高。公司积极推进科研、生产、经营三位一体，坚持走科研成果自我转化道路，一方面科研课题从实际生产需求出发，另一方面产业化获得的效益再"反哺"科研。南瑞集团确保自主投入的科研经费达到年销售收入的5％以上，同时积极组织申报国家电网公司、国家科技部、国家发改委及江苏省、南京市地方政府的科技项目，获得大量科技扶持资金，使得科研创新能力得到极大的加强，产业规模得到极大提升。公司科研成果转化率达近100％。

（3）技术创新紧跟技术前沿。现代企业竞争中，谁能占据某一领域或产品的技术制高点，谁就占据了市场的制高点；谁占据了技术和市场的制高点，谁就能在日趋激烈的市场竞争中掌握主动权。南瑞集团在多项研究中创造了世界第一。2009年建成的晋东南-南阳-荆门特高压交流试验示范工程是一个1 000千伏交流输变电工程，既是中国自主研发、设计和建设的具有自主知识产权的第一个百万伏级特高压工程，也是世界上首条成功投入商业运营的百万伏级特高压线路。

（4）培育优势产业。在南瑞集团的发展壮大过程中，坚持走科研开发和高新技术产业协调发展的道路，坚持"实施大科研、创出大成果、培育大产业、实现大推广"的发展战略，运用自主知识产权技术成果，做大做强优势产业。在电网自动化领域，集团高端市场产品从技术指标到市场占有率全面超过跨国巨头，部分产品市场占有率甚至达到75％。

（5）营造氛围激励人才。公司培育了"务实、求精、协作、创新"的企业文化，形成了员工的自豪感和归属感，激发了强大的企业凝聚力。公司员工对公司环境的朴素描述是"工作紧紧张张，心情愉愉快快，经济宽宽裕裕，左邻右舍和和睦睦"。

正是在这种和谐的环境中,公司研发人员多人获得国家、省级青年科技奖,90多人获得国家和省级科技进步奖。

启示

启示一:形成规范的技术创新体系。南瑞集团拥有独立的创新主体,拥有自主知识产权技术、产品和标准,科学规范的创新研发体系,这使得南瑞集团在技术创新领域成绩斐然,成果累累。

启示二:以人为本的人力资源开发机制

南瑞集团实行的以人为本的人才战略是现代企业获得成功的关键。南瑞集团对人才与企业的关系有着更深的理解,强调人才是企业的最大财富,人才是企业发展的根本动力,并从人才价值观念、人才资本机制等方面完善用人、育人机制。

三、小结

要突出企业在技术创新中的主体地位,就必须鼓励企业加大研发投入和人才储备,营造创新文化,通过产学研协同创新,不断引导创新资源向企业集聚,通过创新成果产业化来占领高端市场,进一步提升产业国际竞争力。

第七章 协同创新视域下南京技术创新主体企业化的政策保障

本章在借鉴国内外政策的基础上,确定南京技术创新主体企业化相关政策制定的主要目标和重点领域,从培育、强化和支撑角度提出保障南京技术创新主体企业化的政策体系。

学者们认为政策是一个国家为促进创新活动、规范创新行为而采取的各种直接和间接政策总和,它规定了政策的基本内涵和主要目标。政府选择政策工具的主要依据是:有效降低创新过程中技术方面的不确定性;有效降低创新过程中市场方面的不确定性;有效降低创新收益分配的不确定性;有效降低创新过程中制度环境的不确定性[陈劲和王飞绒(2005)][1]。世界主要工业国家的创新政策实践各有特点。日本政府更倾向于采取直接干预的方法来促进企业和产业的技术创新(阎莉,2000)[2],按照政策工具选取不同,其创新政策可以分为经济援助政策、建立公立实验研究机构、资金支持政策和建立完善的社会服务体系等四个方面(樊增强,2005;李伟红,2006)[3]。美国技术创新政策的特点是:政府对技术创新的干预多以法律、法规形式出现;政策制定具有针对性;政府资金支持力度大;政策间相互促进、配套执行(陈向东和胡萍,2003;刘雪妮等,2006;陈清,2006)[4]。欧盟主要从行政管理支持、财政收税和金融支持、信息服务支持三个方面对创新活动提供支撑

---

① 陈劲,王飞绒.创新政策:多国比较和发展框架[M].杭州:浙江大学出版社,2005.

② 阎莉.日本技术创新政策制定的理论依据及其政策手段选择[J].日本研究,2000(4):24-30.

③ 樊增强.日本、欧盟中小企业技术创新支持政策的比较分析及其对我国的启示与借鉴[J].现代日本经济,2005(1):41-45;李伟红.国外政府干预技术创新政策的启示[J].经济论坛,2006(9):4-9.

④ 陈向东,胡萍.技术创新政策特点和效应的国际比较——以中美韩法等过为例.中国科技论坛[J],2003(3):51-55;刘雪妮,蔡先海,任高飞.西方国家技术创新政策借鉴学[J].当代经理人,2006(21):119-110;陈清.国外政府支持自主创新的经验及启示[J].亚太经济,2006(6):118-120.

（樊增强,2005;李伟红,2006;祁湘涵,2008）①。

本章在借鉴国内外政策的基础上,确定南京技术创新主体企业化相关政策制定的主要目标和重点领域,从培育、强化和支撑角度提出保障南京技术创新主体企业化的政策体系。

第一节　协同创新视域下南京技术创新主体企业化政策制定的主要目标与重点领域

一、协同创新推动南京技术创新主体企业化政策制定的主要目标

基于前文对南京市技术创新主体企业化影响因素及机制的分析和阐述,南京技术创新主体企业化政策制定应达到五个主要目标。

(1) 培育技术创新市场需求,增强南京企业技术创新激发动力。

(2) 鼓励协同创新行为,强化企业技术创新主体地位。

(3) 营造利于协同创新的氛围,优化南京企业技术创新行为的运行环境。

(4) 强化协同创新行为的动力供给,增强企业技术创新的自身动力。

(5) 加强政府政策引导作用,促进南京企业技术创新模式的有序演化。

二、协同创新推动南京技术创新主体企业化政策制定的重点领域

通过对南京市技术创新企业主体企业化实际状况和影响因素分析,结合南京市规模以上企业技术创新能力评价结果分析,我们认为,协同创新推动南京技术创新主体企业化政策制定应侧重以下方面:

(1) 发挥示范效应和引领带动作用,支持行业内主导企业技术创新。主导企业在行业技术创新活动中发挥着创新先行者的带动作用,因此,支持主导企业的技术创新活动不仅是对创新典范的表彰,而且有助于技术创新示范效应的放大,能够有效激发其他企业的技术创新意愿。

(2) 加强科技中介服务机构的建设,加快企业技术创新信息的共享和成果推广。科技中介服务机构在协同创新过程中扮演重要角色。欧盟创新政策的实践表

---

① 樊增强. 日本、欧盟中小企业技术创新支持政策的比较分析及其对我国的启示与借鉴[J]. 现代日本经济,2005(1):41-45;李伟红. 国外政府干预技术创新政策的启示[J]. 经济论坛,2006(9):4-9;祁湘涵. 欧盟创新政策体系的发展及其对我国的启示[J]. 科技管理研究,2008(10):35-27.

明,科技中介机构的建设有利于区域创新信息的共享和创新成果的推广。因此,加强南京科技中介服务机构的建设,发挥其在创新信息扩散、创新成果推广的积极作用,有助于促进南京技术创新主体企业化进程。

(3)集中创新资源供给,促进优势行业企业技术创新。通过对南京规模以上企业技术创新评价结果分析可知,装备制造业、化工业、软件业等行业基础性、实力性表现较强,政府应从战略层面予以重视,并从多方面给予优先考虑,努力打造高水平行业科研基地,保持优势行业、企业的领先地位和持续竞争力。

(4)强化政府政策的引导作用,促进技术创新主体企业化进程的有序演化。应从协同理论视角建立引导政策体系,充分发挥学、研的协同和促进作用,推动技术创新主体企业化进程的有序演化。

第二节　协同创新视域下技术创新主体企业化的培育与强化政策

一、企业技术创新需求的培育政策

要培育企业技术创新需求,则应从培育相关的市场需求和企业家需求着手,选择相应的政策工具。

1. 技术创新市场需求的引导政策

南京市政府应结合国家、江苏省战略部署,站在全局高度统筹策划,制定南京市创新发展战略及实施细则,重点发展南京市的优势产业和战略性新兴产业。通过加大力度实施强化产业链需求拉引政策,鼓励优势产业和重点企业开展技术创新活动,促进上下游产业开展技术创新活动,从而实现"产业链需求拉动技术创新需求"的目标。

加强政府采购政策的引导作用。政府采购政策一直是国际上激励和推动本国产业和企业技术创新,拉动技术创新市场的重要政策工具之一(陈俊,2009)。南京市政府采购优惠政策应兼顾创新产品采购和技术采购两个核心,从而使得政府采购政策激励惠及产业链的前端和末端,增强政府采购政策的激励和拉动作用。

2. 企业家创新需求的培育政策

企业家在企业技术创新活动中起着重要作用,南京市政府应重视对本地企业家创新精神与特质的挖掘、调动和保持,加强相关政策的制定与引导,培育技术创新的企业家需求。

首先,要培育南京企业家的创新精神。一是要充分利用南京高校优质教育资源丰富的优势,引导和鼓励企业家参加 MBA、EMBA 培训,学习科学的管理理论,更新企业家现代管理理念,深层次地挖掘和调动南京企业家的创新特质。二是政府要定期举办国内外企业家论坛,促进企业家之间创新思维和创新经验的交流,帮助企业家找到合适的创新定位;定期举办技术成果展、技术博览会等,使得企业家能接触前沿的创新产品和国家化的创新思维,强化企业家的创新特质。

其次,激发企业家创新意愿。一是政府要加大对创新企业的宣传力度,特别是宣传企业家的创新理念和创新行为,充分发挥其示范效应,从而影响和激发更多的企业家加入创新行列。二是对于积极开展创新活动的企业家要给予物质奖励和荣誉奖励,要将企业家的个人利益和企业的技术创新行为联系在一起,进一步激发优秀企业家的创新意愿。

二、企业技术创新要素供给的强化政策

本书提出的企业技术创新要素供给政策包括企业技术创新资本保障力的供给、企业技术创新人才支撑力的供给和企业技术创新技术推动力的供给。

(一) 优化企业技术创新资本保障力的政策

南京市政府应建立以政府投资为引导、企业投资为主体、科技金融为支撑、社会资本为补充的多层次、多渠道的企业技术创新资金供给体系。

1. 财政政策保障

一是综合运用财政补贴、基金、贷款贴息、偿还性资助等多种方式,形成多元化、多渠道的科技投入体系,对技术创新活动给予重点支持,发挥财政资金对激励企业创新的引导作用,引导企业和社会力量加大科技投入。二是遵循技术创新的发展规律,创新财政支持方式。在种子期,采取事前补助或直接注入资金的方式,支持产业共性技术、关键技术的研发活动;在创建期,通过设立创业投资基金、股权投资基金、信贷基金及专项贷款等方式,带动社会资金为成果转化和产业化提供融资服务;在成长期,采取事后奖励、消费者财政补助等方式,为技术创新产业培育市场。三是完善财政资金使用绩效评价制度。加强对财政资金的全程监督,实现财政资金投入效益最大化。四是加强政府采购对技术创新的市场引导作用。建立高

新技术产品认定标准和评价体系,公开政府采购高新技术产品目录;进一步改进政府采购评审办法,通过预算控制、招投标等形式,给予高新技术产品新产品优先待遇;在政府采购招标的评分制度中,设立自主创新的指标,建立激励高新技术产品自主创新的政府采购和订购制度,对列入《政府采购自主创新产品目录》的自主创新产品给予价格优惠;提高技术创新企业参与政府采购比例和中标率,同时注意鼓励绿色采购。

2. 税收政策保障

从整体而言,要针对技术创新不同利益主体及不同发展阶段,在侧重点、税种、税收优惠的具体方式上区别对待,突出政策重点,避免"撒胡椒面"式的盲目性,尽量发挥税收政策资源的最大效能,形成层次分明、重点突出、整体协调的多元化的税收扶持政策体系。在完善落实现有企业所得税、增值税政策、研发费用加计扣除政策支持的基础上,探索扩大营业税、消费税以及个人所得税对创新的活动的政策支持。一是针对科技企业、科技中介机构从事的技术转让、技术开发等业务环节加大营业税的扶持,对产学研合作的合同收入予以营业税的减免,促进产学研合作。二是对于技术创新产品实行较低税率消费税,鼓励技术创新与节能环保,对于高能耗、高污染的资源消耗型产品实行高税率消费税,从限制非创新产品生产的角度刺激引导社会对技创新产品的消费。三是加强个人所得税对创新的支持,对于创新人才在技术成果技术服务方面的收入予以税收减免,并扩大对科研人员科技成果奖励的个人所得税免征范围,形成完整的创新激励税收体系。

3. 科技金融政策保障

一是加大南京区域科技金融投入规模。有效的资金供给是区域技术创新活动开展的基础。在政府公共科技金融投入规模方面,南京市应保证财政科技投入年均增长幅度高于财政经常性收入的增长幅度。在市场科技金融主体投入方面,通过税收优惠等政策手段,提高区域风险投资机构、天使投资者的数量并扩大其发展规模,鼓励区域商业银行积极开展科技贷款,并与证监会、证券交易所有效沟通,促进区域内优秀的创新型企业上市。二是提高政府公共科技金融的资金配置与管理水平。在提高政府相关管理部门人员素质的同时,充分发挥相关技术、管理专家与中介机构的全程参与作用;建立规范的政府公共科技金融资金管理制度,优化公共科技金融投入结构,通过科学方法确定资金支持的重点方向和领域,建立健全涵盖本区域的公共科技资金预算编制、预算执行与下达、资金使用监督、绩效评估的全过程管理制度。三是提高市场科技金融主体的投资管理水平。通过培养或引进高层次的科技金融人才、吸引国内外专业投资机构入驻等,提升区域商业银行、创业风险投资机构等市场科技金融主体的技术创新项目筛选能力、风险评估与控制能力、事后监督管理能力等;加强对科技型上市公司的诚信监管,强化信息披露制度,为资本市场投资者提供全面、真实的投资参考信息,以保证其投资决策的科学性。四是开展科技保险。针对高新技术企业在其研发与生产过程、科研人员、贸易等各类现实面临的风险,开发设计出人身险类、财产险类及信用保证保险等科技保险产品,全面提高企业的技术创新风险防范能力,进而降低市场科技金融主体的投资风险。五是发展科技担保机构。由于商业银行科技信贷仅获取固定利息收益,与其承担风险不对称,同时科技型企业尤其是中小型科技企业,缺乏房产、土地等有效抵押物,应培育科技担保机构,为科技信贷提供担保,分散商业银行的信贷风险。

(二) 加强企业技术创新人才支撑力的政策

有效的人才供给均是推动南京企业成为技术创新主体的重要因素,南京市政府应依据区域发展的目标与不同专业人才的稀缺程度,在落实现有的人才培养或引进计划的基础上,应培养与重点引进产业共性与关键性技术攻关人才、面向创新集群产业发展的创新人才及相关复合型人才、技术创新与科技金融复合型人才、基础研究与下一代技术研发的顶级专家人才。南京市政府应抓好人才协同培养和人才柔性流动两个关键。一是重视人才协同培养。尝试建设"2011 学院",在协同创新平台框架下,结合协同创新需求,制定学科培养目标,以科技研究和实践创新为主导,通过学科交叉融合、产业紧密互动等途径,采取校企联合培养模式、梯度培养模式等方式,培养与重点引进产业共性与关键性技术攻关人才、面向创新集群产业发展的创新人才及相关复合型人才、基础研究与下一代技术研发的顶级专家人才。二是促进科技人才向企业流动。政府管理部门要在政策层面解决人才的自由流动和人才共享问题,通过真正落实"科技九条"等人才政策,鼓励大专院校和科研单位的科技人才到企业开展研究开发,到企业进行长、短期工作,到企业担任技术负责人或项目负责人,为企业带徒弟建团队;建立合理有效的评价体系和激励机制,通过股权、期权等方式吸引和鼓励高端人才从事技术创新活动;在考察内部领军人才需求和外部领军人才状况的基础上,采取柔性聘用模式等方式引导领军人才的加盟,并对其实施非常规的激励机制。

（三）加强企业技术创新技术推动力的政策

1. 积极完善创新成果转化政策

加快建设高新技术成果转化基地,优先培育和转化拥有核心技术和自主知识产权、技术含量高的科研成果;重点培育和转化战略性新兴产业和主导企业的科技成果,发挥战略性新兴产业和主导企业的创新带动和示范效应,从而促进产业链上、下游企业的技术创新。

2. 进一步健全知识产权保护制度

一是健全知识产权执法和管理体制。加强知识产权立法的衔接配套,增强法律法规可操作性,促进创新成果合理分享。二是引导和促进知识产权的创造和运用,推动企业成为知识产权创造和运用的主体。三是完善协调机制,推动知识产权的宣传普及和知识产权文化建设。加强知识产权宣传,提高全社会知识产权意识,形成尊重知识、崇尚创新、诚信守法的知识产权文化。四是发展知识产权中介服务。完善知识产权中介服务管理,加强行业自律,建立诚信信息管理、信用评价和失信惩戒等诚信管理制度;大力提升中介组织涉外知识产权申请和纠纷处置服务能力及国际知识产权事务参与能力;充分发挥行业协会的作用,支持行业协会开展知识产权工作。五是加强知识产权人才队伍建设。加快完善南京市知识产权人才库和专业人才信息网络平台建设,建立部门协调机制,统筹规划知识产权人才队伍建设;建设若干知识产权人才培养基地;完善吸引、使用和管理知识产权专业人才相关制度,优化人才结构,鼓励开展知识产权人才培养的对外合作。

3. 积极推动建设区域产业技术联盟

南京市政府要发挥政策导向作用,加大协调力度,鼓励和支持建立产业技术联盟、整合创新资源。

首先,积极支持南京地区企业之间的合作。在先进装备制造业、化工业等产业领域,政府要通过政策引导和资金支持,由行业龙头企业和创新主导企业牵头,形成产业技术联盟,增强产业集成创新能力。对涉及区域战略发展的战略性、高技术新兴产业领域,由地方科技主管部门牵头,组建南京高技术产业联盟,促进技术创新活动有序开展。

其次,组织高校、科研机构、中介机构等参与产业技术联盟,以财政资金为引导,明晰和监督产业技术联盟内部的契约关系,遵循"统筹规划、资源共享、优势互补、互惠互利"的原则,为企业、高校、研究机构等创新主体牵线搭桥,实现创新要素供给的优化组合和创新资源的共享。

第三,引导跨国公司或国际研发机构加入产业技术联盟。南京市政府应制定相关优惠政策,引导跨国公司或国际研发机构加入产业技术联盟,利用国际创新资源来提升区域产业技术联盟的创新能力;南京市政府应鼓励企业引进、消化和吸收重大技术项目,促进实现地方企业在技术创新上的跨越式发展。

第四,努力实现产业技术联盟与南京区域特色的紧密结合。南京市政府要依据地方经济发展的需求,制定政策来引导和控制产业技术联盟的发展方向,使产业技术联盟的发展与区域产业特色紧密结合。

第三节　协同创新视域下南京技术创新主体企业化的支撑政策

本书基于协同创新推动南京市技术创新主体企业化的影响因素与作用机制研究,从优化协同创新环境、构建协同创新激励评价机制、完善科技服务保障等三方面,提出南京市协同创新推动技术创新主体企业化的支撑政策。

一、优化协同创新环境的支撑政策

一是优化创新文化环境。创新文化环境的改善有利于南京创新人才的集聚和企业家创新特质的发挥。南京市应发挥文化教育资源优势,鼓励创新思想和容忍失败意识在大众中的传播,形成一种尊重技术人才的创新工作、认可企业家的创新决策行为的社会文化氛围。

二是完善协同创新智力与技术支持环境的支撑政策。一方面,贯彻"大众创业,万众创新"的理念,在高校中加强创新思维和创业能力的教育,为南京市创新创业活动提供后备技术人才;另一方面,有重点、有选择地建设公共科研实验室,对与区域产业发展相关的核心技术、关键技术进行基础研究,为南京中小企业的技术创新活动提供实验条件与技术指导。

三是打造良好创新创业生态环境。一方面,南京市政府应健全创业辅导指导制度,支持举办创业训练营、创业创新大赛等活动,培育创客文化,让创新创业蔚然成风。另一方面,南京市政府应出台政策降低创新创业企业的准入成本;促进或至少不阻碍创新创业和就业人员的流动;疏通创新企业上市、并购等各种产权定价和转移方式的退出机制等等。

二、构建协同创新激励评价机制的支撑政策

一是要针对协同创新不同利益主体分别设计有一定区别度的评价标准,包括:建立南京企业技术创新发展指数评价体系;制定南京政府技术创新约束性指标考核评价方法;完善南京高校院所服务社会绩效评估制度以及科研人员评价考核制度,形成以服务需求和提升原始创新能力为导向的科学评价体系;建立第三方评估验收制度,强化论证评审、定期检查和验收评估,基础研究以同行评价为主,应用研究实行企业和专家评价,产业化开发由市场评价等等。

二是建立健全基于“2011 计划”的产业创新平台的评价管理制度与评价体系。为了保证产业创新平台的可持续发展,南京科技管理部门应牵头制定科学合理的评价管理制度和评价指标体系,从评价计划、评价实施与评价反馈等环节规范评价管理,从而综合评价产业创新平台的日常运行管理、创新绩效和发展前景。同时,为了保证评价的客观性,还应引入第三方评价机构,政府管理部门要加强对第三方评价的监督、管理与控制。

三是激励方式、力度要适中。进一步细化相关法规条例,有效落实企业、高校、科研机构采取科技成果折股、科技成果收益分成、股权出售、股权激励、股票期权等方式对科技人员和经营管理人员进行股权和分红激励,总体上要加大对协同创新体中技术创新人员的激励力度,但也要因人而异,以满足科研人员需求效用和整体创新绩效最大化为导向,设计多样化激励方式和多层次激励目标。

三、完善科技服务保障的支撑政策

1. 推动创新成果的辐射扩散

发挥现有工程技术中心、生产力促进中心、新技术推广站的技术转移功能,促进大中型企业技术创新成果的辐射扩散。

2. 完善技术交易服务体系

一是进一步满足南京区域内企业、高校与科研院所的技术交易需求,除提供技术市场交易平台外,还需要配套技术交易咨询与经纪、交易信息、技术评估、知识产权代理等多种服务。二是提高创业孵化服务能力。发挥紫金科技创业特区、高新技术园区、创业中心、各类企业孵化器、大学科技园等创业孵化功能,为初创期企业提供管理支持和创业咨询等相关服务。三是加强科技中介机构与高校、科研机构

的联合与协作,促使中介机构直接参与到高校和科研机构的创新活动中;加强科技中介机构与国有大中型企业的联合与协作,特别是在新兴产业领域开展联合研发,共建实验室、中试基地、企业技术中心、孵化中心等,为产学研合作的全过程提供综合配套服务。

3. 搭建创新资源知识共创共享平台

一是搭建创新设备设施共享平台。南京市政府可制定专项规划,设立专项基金,建设创新技术设备、实验设备数据库,建立区域内创新设备设施的共享"软体系"和有偿使用制度,提高创新资源使用效率。二是搭建知识共创共享平台。南京市可通过逐步建设技术库、项目库等创新载体,提高技术共享和利用成效。

附录一　南京企业技术创新状况调查问卷

　　为了全面了解南京企业创新的现状、政策环境和社会经济环境,为政府相关政策制定和执行部门提供决策参考依据,特制作本调查问卷。问卷数据将对政府相关部门的政策制定具有参考作用,最终结果只以统计数据的形式表现和研究之用,不做任何其他用途,我们将严格履行保密义务。

　　感谢您百忙之中的填答和对本次调研的支持与配合!

企业名称:_____

地址/邮编:_____

联系人:_____　电话:_____　传真:_____

E-mail:_____　填写时间:2013 年　　　月　　　日

一、企业基本情况

1. 企业注册成立年限:_____

　　① 0～2 年　　② 3～5 年　　③ 6～10 年　　④ 10 年以上

2. 企业注册登记类型:_____

　　① 国有独资　　② 有限责任 →(是否为国有控股:① 是　② 否)

　　③ 股份有限→(是否为国有控股:① 是　② 否)

　　④ 集体企业　　⑤ 联营企业　　⑥ 股份合作企业

　　⑦ 三资企业 →(① 中外合作　　② 中外合资　　③ 外商独资)

　　⑧ 私营企业　　⑨ 合伙制　　⑩ 个人独资

3. 企业所属行业为_____

　　① 食品;② 汽车;③ 石化;④ 电力;⑤ 有色金属;⑥ 冶金;⑦ 机械;⑧ 建材;⑨ 造纸与木材加工;⑩ 电子信息;⑪ 医药制造;⑫ 纺织服装与皮革;⑬ 生物;⑭ 修造船及海洋工程装备;⑮ 其他(请注明:_____)

4. 企业的职工人数:_____人

5. 企业人员构成:

　　专职研发人员_____人,其中:中高级职称研发人员_____人

近 3 年来人才引进(人)博士＿＿＿人　硕士＿＿＿人　本科＿＿＿人

近 3 年来人才流出(人)博士＿＿＿人　硕士＿＿＿人　本科＿＿＿人

二、企业创新管理

1. 在制定企业发展规划时,是否制定企业技术创新(研发)战略:＿＿＿＿
   ① 是　　　　　　　　　　② 否

   如果是,执行情况如何? ＿＿＿＿
   ① 严格执行　② 部分执行　③ 研发中供参考　④ 不执行

2. 请对短期研发战略(1～2 年)和长期研发战略(3～5 年)的区别给予描述

   ＿＿＿＿＿＿＿＿＿＿＿＿＿＿＿＿＿＿＿＿＿＿＿＿＿＿＿＿＿＿＿

   ＿＿＿＿＿＿＿＿＿＿＿＿＿＿＿＿＿＿＿＿＿＿＿＿＿＿＿＿＿＿＿

   ＿＿＿＿＿＿＿＿＿＿＿＿＿＿＿＿＿＿＿＿＿＿＿＿＿＿＿＿＿＿＿

   ＿＿＿＿＿＿＿＿＿＿＿＿＿＿＿＿＿＿＿＿＿＿＿＿＿＿＿＿＿＿＿

3. 贵公司对研发战略的定位是＿＿＿＿
   ① 根据现有产品情况增加新功能

   ② 根据当前技术发展水平,对老产品进行技术升级

   ③ 针对目前市场状况,开发多品种产品,扩大现有市场

   ④ 完全开发新产品,进入新市场

4. 您认为贵企业促进技术创新成功的主要因素有哪些(打"√"并按重要性排
   序:＿＿＿＿)
   ① 有创新精神的企业家　　　② 优惠政策的扶持

   ③ 产学研合作　　　　　　　④ 企业的规模和经济实力

   ⑤ 企业内部的激励措施　　　⑥ 行业优势

   ⑦ 选准创新项目　　　　　　⑧ 企业与顾客的密切关系

   ⑨其他(请说明:＿＿＿＿＿＿＿＿＿＿＿＿＿＿＿＿＿＿＿＿)

5. 企业主要通过哪些途径实现企业技术创新战略目标(打"√",可多选):

   ＿＿＿＿
   ① 加强企业自主开发能力　　② 引进设备或引进外资

   ③ 改革企业组织结构　　　　④ 加强与国外技术合作

   ⑤ 拓宽信息渠道　　　　　　⑥ 加强产学研合作

   ⑦ 加强技术改造　　　　　　⑧ 采用先进的管理方式

⑨加强职工培训　　　　　　⑩ 其他(请说明：_____)

6. 您认为阻碍企业技术创新能力提高的主要因素有哪些(打"√"并按重要性排序：_____)

　① 在企业战略中无创新地位

　② 未建立专业分工、流程分工、协同分工的研发管理体制

　③ 资金缺乏

　④ 技术人才的缺乏

　⑤ 创新项目成本太高

　⑥ 缺乏市场信息

　⑦ 创新风险大,创新项目偿还期太长

　⑧ 缺乏技术信息

　⑨ 企业内部无凝聚力

　⑩ 缺乏同外界合作机会

　⑪ 其他(请说明：_____)

7. 您认为企业保持持续竞争力的关键是_____

　① 重视技术创新　　　　　② 重视技术积累

　③ 重视技术人才　　　　　④ 重视管理控制

8. 您认为高新技术研发的失败_____

　① 高新技术研发风险很大,失败在所难免

　② 是企业决策和管理的失误

　③ 是可以通过对研发目标的控制和管理加以避免的

9. 贵公司研发管理人员主要来自_____

　① 从技术部门的技术尖子中提拔

　② 从管理部门的管理人员中提拔

　③ 其他(请说明)_____

三、企业创新投入

1. 公司主要的技术来源：_____

　① 独立进行项目研发　　　② 与其他企业合作开发

　③ 与高校或科研机构合作开发　④ 技术引进

　⑤ 其他(请注明：_____)

157

2. 上年度研发经费支出额占产品销售收入的比例：_____

　　① 0.5%以下　　② 0.5%～1%　　③ 1%～5%　　④ 5%～10%

　　⑤ 10%以上

3. 企业的技术创新活动和项目,资金需求采取的主要解决方式：_____

　　① 企业间资金拆借　　　　　　② 信用担保

　　③ 银行借贷　　　　　　　　　④ 风险投资

　　⑤ 政府创新基金　　　　　　　⑥ 资本市场

　　⑦ 自有资金　　　　　　　　　⑧ 其他(请注明_____)

4. 企业与科研院所合作开展的研发活动和项目：_____

　　① 经常有　　　　② 偶尔有　　　　③ 很少有　　　　④ 没有

5. 您认为影响产学研合作的主要原因是(打"√"并按重要性排序：_____)

　　① 科研院所技术不成熟

　　② 科研院所积极性不高

　　③ 企业在合作中主动权太小

　　④ 企业和院所(高校)利益分配不合理

　　⑤ 企业缺乏转化技术的人才、设备和资金等

6. 企业直接从事研发的科技人员占职工总数的比重(研发人员比率)_____

　　① 5%以下　　② 5%～10%　　③ 10%～20%　　④ 20%～30%

　　⑤ 30%以上

四、企业技术创新产出

1. 企业高新技术产品在国内市场同类产品中的市场占有率：_____

　　① 1%以下　　② 1%～10%　　③ 10%～30%　　④ 30%～50%

　　⑤ 50%以上

2. 企业高新技术产品和技术是否进入国际市场：_____

　　① 进入　　　　　　　　　　② 没进入

　　如果进入,在全球市场同类产品中的市场占有率：_____

　　① 1%以下　　② 1%～10%　　③ 10%～30%　　④ 30%～50%

　　⑤ 50%以上

3. 企业高新技术产品的核心技术是否拥有自主知识产权：_____

　　① 有　　　　　　　　　　　② 没有

五、企业技术创新环境

1. 您认为企业所在地政策及服务环境的变化对创业和技术创新活动：＿＿＿＿
   ① 非常有利　② 逐渐有利　③ 还可以　④ 逐渐不利　⑤ 非常不利

2. 企业开展技术创新活动最希望得到政府的哪些支持(打"√"并按重要性排序：＿＿＿＿)
   ① 政府财政资金支持
   ② 专项贷款支持(担保贷款、贴息贷款、低息贷款等)
   ③ 税收减免等财政支持
   ④ 完善促进企业技术创新的金融服务体系
   ⑤ 建立完善的多层次中介服务体系(如信息咨询、人才培训、技术指导、贷款担保等)
   ⑥ 建立完善有利于企业发展的法律法规体系
   ⑦ 提高政府办事效率
   ⑧ 其他(请指出＿＿＿＿＿＿＿＿＿＿＿＿＿＿＿＿＿＿＿＿＿＿＿＿＿＿)

3. 您认为目前面向企业技术创新服务体系存在的主要问题有(可多选)＿＿＿＿
   ① 体系不健全　　　　　　② 市场秩序不良
   ③ 收费不合理　　　　　　④ 存在欺诈行为
   ⑤ 服务能力有限　　　　　⑥ 服务品种少
   ⑦ 服务态度不佳　　　　　⑧ 服务效率低
   ⑨ 面向企业宣传不够　　　⑩ 其他(请注明＿＿＿＿＿＿＿＿＿＿＿)
   (注：企业技术创新服务体系指由技术中介机构组成的、为企业开展技术创新活动提供服务的体系,包括大学科技园、软件产业园等技术孵化器和行为协会、生产力促进中心等技术交易市场)

4. 贵企业对我市创新环境的总体评价是：＿＿＿＿
   ① 差　② 一般　③ 较好　④ 好

5. 在技术创新方面,贵公司获得过哪些国家和地方政府项目的支持：
   ① 国家级项目,金额＿＿＿＿＿＿万元
   ② 省部级,金额＿＿＿＿＿＿万元
   ③ 市级 ,金额＿＿＿＿＿＿万元
   ④ 其他项目:金额＿＿＿＿＿＿万元

6. 企业开展创新活动希望得到政府的哪些支持？请予以文字说明：

_____

_____

_____

_____

附录二 《江苏先进生物与化学制造协同创新中心》建设调研提纲

一、中心建设的成效

企业参与程度

专利等知识产出

开发产品等物质产出

人才培养

技术交流与合作等方面。

二、中心和政府、企业之间合作的长效机制方面

1. 中心与企业在资金、设备和人员投入、科技产出与知识产权以及技术转移等方面合作的先进经验与存在问题。

2. 中心在推动企业技术创新主体地位方面的先进经验与存在问题。

3. 中心期望地方政府在发挥主导作用,建立投入和支持的长效机制方面出台哪些具体政策。

三、人才培养方面

1. 如何建设核心研发团队?

中心在建立有效的激励机制并营造良好的环境氛围方面的先进经验。

2. 如何确保人才培养的教育目标?

中心在相关的学科专业各种层次的学生(包括本科生和研究生,尤其是工程领域的研究生)、教师、企业的研究人员和工程师等人才培养方面的先进经验与存在问题。

四、学科融合方面

中心运行在整合传统学科以解决系统级的科学技术问题,同时开拓交叉学科、多学科融合的创新环境,形成优势学科群方面的先进经验与存在问题。

主要参考文献

中文参考文献:

[1] 安同良.中国企业的技术选择[J].经济研究,2003(7):76-86.

[2] [美]彼得·德鲁克.创新与企业家精神[M].蔡文燕,译.北京:机械工业出版社,2011.

[3] 曹庆仁,宋学锋.企业个体行为与企业创新复杂性探析[J].软科学,2004,18(3):80-82.

[4] 常修泽,等.现代企业创新论[M].天津:天津人民出版社,1994

[5] 陈功玉,邓晓岚.企业技术创新行为的内部因素研究[J].科技进步与对策,2005(12):89-93.

[6] 陈坚.高新技术产业与金融的融合——美国硅谷模式的分析与启示[J].国际商务研究,2006(3).

[7] 陈劲,王飞绒.创新政策:多国比较和发展框架[M].杭州:浙江大学出版社,2005.

[8] 陈劲,阳银娟.协同创新的理论基础与内涵[J].科学学研究,2012(2):161-164.

[9] 陈强,余文璨,李建昌.欧盟第七框架计划的开放性分析及启示[J].科学管理研究,2012(8):115-119.

[10] 陈清.国外政府支持自主创新的经验及其启示[J].亚太经济,2006(6):118-120.

[11] 陈士俊,关海涛.技术创新主体的合理确定及其评价指标分析[J].科学管理研究,2005(2):23-26.

[12] 陈向东,胡萍.技术创新政策特点和效应的国际比较——以中、美、韩、法等国为例[J].中国科技论坛,2003(3):51-55.

[13] 陈晓田,杨列勋.技术创新十年[M].北京:科学出版社,1999:128-135.

[14] 陈雅丽.美国技术创新主体企业化研究[J].世界经济,2001(10):50-52.

[15] 陈志勇.中小企业研发投入与公司业绩相关性的研究——基于中小企业板的研究[D].北京:北京化工大学硕士学位论文,2006.

[16] 程宏伟,张永海,常勇.公司 R&D 投入与业绩相关性的实证研究[J].科学管理研究,2006,24(3):110-113.

[17] 崔德刚,黄宁.欧盟第六框架计划及启示[T].计算机集成制造系统,2003(2):163-166.

[18] 董树功.我国技术创新主体选择研究[J].工业技术经济,2006(9):4-7.

[19] 杜伟.关于技术创新主体的两个基本问题的思考[J].社会科学家,2003(7):34-39.

[20] 杜伟.关于技术创新主体问题的理论分析与实证考察[J].经济评论,2004(3):32-35.

[21] 樊增强.日本、欧盟中小企业技术创新支持政策的比较分析及其对我国的启示与借鉴[J].现代日本经济,2005(1):41-45.

[22] 范惠明,邹晓东,吴伟.美国的协同创新中心发展模式探析[J].高等工程教育,2014(5):153-158.

[23] 冯娟.企业作为技术创新主体的必要性[J].中国高新技术企业,2008(5):24-26.

[24] 冯之浚.企业是自主创新的主体[J].科学学与科学技术管理,2006(4):5-6.

[25] 弗里曼.工业创新经济学[M].北京:北京大学出版社,2004.

[26] [美]F.M.谢勒.技术创新:经济增长的原动力[M].姚贤涛,王倩,译.北京:新华出版社,2004.

[27] 傅家骥,等.技术创新——中国企业发展之路[M].北京:企业管理出版社,1992.

[28] 傅家骥.技术创新学[M].北京:清华大学出版社,1999:16.

[29] 傅家骥.让企业成为技术创新的主体[J].经济工作通讯,1996(12):20-21.

[30] 高策,郭淑芬.技术创新主体的演化史刍议[J].山西大学学报(哲学社会科学版),2003(6):9-12.

[31] 高广文.国际产业技术创新联盟的发展及启示[J].科技发展研究,2008(12).

[32] 高展军,李垣,雷宏振.不同社会文化对企业技术创新方式选择的影响[J].

科学学与科学技术管理,2005(1):69-75.

[33] 高正.国有企业与其他企业研发投入对工业增加值之影响比较[D].济南:山东大学硕士学位论文,2012.

[34] 龚晓青.美国企业管理的学习和借鉴[J].北京市经济管理干部学院学报,2011(2).

[35] 关健,刘立.欧盟框架计划的优先研究领域演变初探[J].中国科技论坛,2008(1):136-140.

[36] 郭树东,关忠良,肖永青.以企业为主体的国家创新系统的构建研究[J].中国软科学,2004(4):103-105.

[37] 郭晓川.合作技术创新[M].北京:经济管理出版社,2001:30.

[38] 国家经贸委.《技术创新工程》方案[J].企业管理,1996(11):12-13.

[39] 国务院.国家中长期科学和技术发展规划纲要(2006—2020年)[EB/OL].[2006-09-02].http://www.gov.cn/jrzg/2006—02/09/content_183787.htm.

[40] 韩建立,胡凤培.企业技术创新组织支持因素及其作用机制分析[J].人类工效学,2003,9(1):55-57.

[41] 韩儒博.创新模式研究及其国际比较[D].北京:中共中央党校博士学位论文,2013.

[42] 韩新严,吴添祖.影响我国企业技术创新总体绩效水平的因素和对策[J].创新研究,2003(3):19-23.

[43] 郝凤霞,刘海峰,李晨浩.欧盟框架计划研发项目管理机制及其借鉴[J].科技进步与对策,2012(6):5-11.

[44] 何郁冰.产学研协同创新的理论模式[J].科学学研究,2012(2):165-173.

[45] 洪银兴.产学研协同创新的经济学分析[J].经济科学,2014(1):56-64.

[46] 洪银兴.科技创新中企业家及其创新行为[J].中国工业经济,2012(6):83-93.

[47] 黄钢,王宏,李颖.论技术创新主体的多元性[J].西南农业学报,2010(4):1334-1337.

[48] 黄兆银.R&D全球化研究[M].武汉:武汉大学出版社,2006.

[49] 纪光欣.美国企业的创业之道[J].行政论坛,2002(7).

[50] 贾蔚文,马驰,汤世国.技术创新——科技与经济一体化发展的道路[M].北

京：中国经济出版社，1994.

[51] 江苏先进生物与化学制造协同创新中心网站. http://2011. njtech. edu. cn/ view. asp? id=10&class=3

[52] ［韩］金麟沫(Linsu kim). 从模仿到创新[M]. 刘小梅，刘鸿基，译. 北京：新华出版社，1998.

[53] 今井贤一，等. 情报与技术的经济分析[J]. 日本经济研究中心研究报告第24号，1970.

[54] 科技部，教育部，财政部，等. 关于印发《国家技术创新工程总体实施方案》的通知[J]. 国务院国有资产监督管理委员会公告，2009(7)：53－59.

[55] 科技部，等. 关于推动产业技术创新战略联盟构建的指导意见（国科发政〔2008〕770号）. 2008年12月30日.

[56] 科技部网站. http://www. most. gov. cn

[57] 库兹涅茨(Simon Kuznets). 现代经济增长：事实与思考//诺贝尔奖获得者演讲集(经济学奖). 罗汉，译. 上海：上海人民出版社，1999：93.

[58] 李泽民. 发达国家产学研合作的现状与发展趋势分析[J]. 技术与创新管理，2011(5).

[59] 李廉水. 论产学研合作创新的组织方式[J]. 科研管理，1998(1).

[60] 李娜，李建华，卢相君. 如何使企业成为技术创新的主体[J]. 当代经济研究，2009(6)：69－72.

[61] 李培英. 技术创新主体强化研究[J]. 中国科技论坛，2006(6)：8－10.

[62] 李伟红. 国外政府干预技术创新政策的启示[J]. 经济论坛，2006(9)：4－9.

[63] 李垣，汪应洛. 企业技术创新动力机制构成要素的探讨[J]. 科学管理研究，1994(4)：43－45.

[64] 李兆友，远德玉. 论技术创新主体[J]. 自然辩证法研究，1999(5)：26－30.

[65] 李兆友. 论技术创新主体间的协同[J]. 系统辩证学学报，2000(2)：51－55.

[66] 李兆友. 技术创新主体研究综述[J]. 哲学动态，1997(11)：28－31.

[67] 李志强，冀丽俊. 市场结构与技术创新——兼论中国企业技术创新的市场结构安排[J]. 中国软科学，2001(10)：29－33.

[68] 连燕华. 试论企业是技术创新的主体[J]. 科学管理研究，1994(5)：1－6.

[69] 连燕华. 关于技术创新主体的再讨论[EB/OL]. [2006－04－20]. 中华人民

共和国国家发展和改革委员会,http://www.sdpc.gov.cn/gjscy/cxtx/
t20060420_66870.htm.

[70] 连燕华.关于企业技术创新主体地位的讨论[J].科技与管理,2006(2):133-
      135.

[71] 连燕华.试论企业是技术创新的主体[J].科学管理研究,1994,12(5):1-6.

[72] 连燕华.透视国家科技进步奖:企业渐成创新主体[J].时事报告,2008(2):
      46-47.

[73] 梁洪波,等.从统计数据看欧盟的技术创新[J].全球科技经济瞭望,2000
      (6):35.

[74] 梁莱歆,严绍东.中国上市公司 R&D 支出及其经济效果的实证研究[J].科
      学学与科学技术管理,2006(7):34-38.

[75] 林毅夫.技术创新发展阶段与战略选择.光明日报,2003-8-26.

[76] 刘达.企业技术创新的影响因素分析[D].上海:华东政法大学硕士学位论
      文,2011.

[77] 刘洪波.美国波士顿:信息时代创新城市的典范[J].中国高新技术产业导
      报,2007(5).

[78] 刘新同.我国技术创新中的企业地位分析[J].自然辩证法研究,2007,23
      (1):49-53.

[79] 刘雪妮,蔡先海,任高飞.西方国家技术创新政策借鉴[J].当代经理人,2006
      (21):109-110.

[80] 刘自新.技术创新中的组织文化管理[J].科学学与科学技术管理,2002(9):
      49-51.

[81] 罗伯特·J.巴罗.现代经济周期理论[M].方松英,译.北京:商务印书馆,
      1997:57.

[82] 罗伯特·M.索洛.经济增长因素分析[M].史清琪,等,译.北京:商务印书
      馆,2002:238-251.

[83] 马静.深化产学研合作创新 加快上海产业转型升级[J].中国科技产业,
      2012(2).

[84] 马克思.马克思恩格斯全集(第26卷第2册)[M].北京:人民出版社,1995:
      598.

[85] 美国科学基金会.技术创新－百度百科[EB/OL].http://baike.baidu. com/view/332418.Htm

[86] 南京科技年鉴 2013.

[87] 南京科技统计要览 2014.数据整理出自 http://www.kw.nanjing.gov.cn

[88] 南京统计年鉴 2014.

[89] 聂鸣,蔡希贤.技术创新的主体、环境及模式[J].软科学,1992(4):5-9.

[90] 欧阳新年,周景勤.企业技术竞争与创新激励机制[M].北京:国际文化出版 公司,2001:309-310.

[91] 戚湧,张明,丁刚.基于博弈理论的协同创新主体资源共享策略研究[J].中 国软科学,2013(1):149-154.

[92] 祁湘涵.欧盟创新政策体系的发展及其对我国的启示[J].科技管理研究, 2008(10):35-37.

[93] 桑悇.欧洲联盟创新政策浅析[D]:[博士学位论文].北京:中国社会科学 院,2002.

[94] 沈桂龙.美国创新体系:基本框架、主要特征与经验启示[J].中国科技论坛, 2008(1):136-140.

[95] 沈桂龙.美国创新体系:基本框架、主要特征与经验共识[J].社会科学,2015 (8):3-13.

[96] 盛亚.企业文化与技术创新[J].科学管理研究,1995(5):56-59.

[97] 舒尔茨.论人力资本投资[M].北京:北京经济学院出版社,1999.

[98] 宋刚.复杂性科学视野下的科技创新[J].科学对社会的影响,2008(2): 28-31.

[99] 隋广军,胡希.企业自主技术创新环境研究——基于长三角与珠三角的评价 [J].甘肃社会科学,2006(5):142.

[100] 孙爱英,李垣,任峰.组织文化与技术创新方式的关系研究[J].科学学研 究,2004,22(4):432-437.

[101] 孙林杰.企业文化对技术创新的推动作用[J].科学学研究,2004,22(6): 652-657.

[102] 唐清泉,陆姗姗.政府 R&D 资助、企业 R&D 支出与自主创新——来自中 国上市公司的经验证据[J].金融研究,2009(6):37-40.

[103] 陶海清,金雪军.技术创新的演化趋势[J].管理世界,2002(2):145-149.

[104] 田青.协同创新视角下企业技术创新主体地位的实现[J].中国科技论坛 2015(10):69-73.

[105] 王帮俊,周敏.企业家在技术创新动力中的作用分析——一个委托代理理论的视角[J].科技导报,2007,25(6):73-76.

[106] 王春法.技术创新政策:理论基础与工具选择——美国和日本的比较研究[M].北京:经济科学出版社,1998:19-28.

[107] 王海源,谢洪明,等.创新主体研究:整合的观点及中国的实践[J].科学管理研究,2004(6):15-18.

[108] 王红领,李稻葵,冯俊新.FDI与自主研发:基于行业数据的经验研究[J].管理世界,2006(2):44-56.

[109] 王丽民,吴玉霞.技术创新主体研究综述:争论、共识与思考[J].河北大学学报,2013(11):152-156.

[110] 王青.市场结构、地区行政性垄断与国有企业技术创新[D].济南:山东大学硕士学位论文,2010.

[111] 王庆金,周雪.科技中介与区域创新主体博弈研究[J].科技管理研究,2011(4):1-3.

[112] 王伟元.企业如何成为技术创新主体[J].中国石油企业,2008(4):86-69.

[113] 卫继云.试论国有企业高级技术人员的薪酬改革[J].天津科技,2004(2):32-34.

[114] 魏权龄.数据包络分析[M].北京:科学出版社,2004.

[115] 吴福象,周绍东.企业创新行为与产业集中度的相关性基于中国工业企业的实证研究[J].财经问题研究,2006(12):29-33.

[116] 吴刚.内企业家和劳动者——两个被忽视的企业创新主体[J].上海企业,1997(10):18-21.

[117] 吴贵钧,阳彩军,蔡虹.企业技术创新中的组织再造[J].研究与发展管理,2002,14(5):44-48.

[118] 吴贵生.我国技术管理学科发展的战略思考[J].科研管理,2000(6).

[119] 吴伟.企业技术创新主体协同的系统动力学分析[J].科技进步与对策,2012(1):91-96.

[120] 吴延兵. R&D 与生产率——基于中国制造业的实证研究[J]. 经济研究, 2006(11):60 - 71.

[121] 吴玉鸣. 空间计量经济模型在省域研发与创新中的应用研究[J]. 数量经济技术经济研究,2006(10):23 - 34.

[122] 吴忠泽. 大力推动企业自主创新,加快建设创新型国家[J]. 中国软科学, 2006(5):1 - 4.

[123] 伍玉林. 黑龙江科技创新主体及其能力培养研究[D]. 哈尔滨:哈尔滨工程大学博士学位论文,2011.

[124] 习近平"创新创新再创新"富含深意. http:// cpc. people. com. cn / pinglun /n /2014 /0610 /c241220 - 25130532.

[125] 熊彼特. 经济发展理论——对利润、资本、信贷、利息和经济周期的考察[M]. 北京:商务印书馆,1990.

[126] 熊彼特. 熊彼特:经济发展理论[M]. 邹建平,译. 北京:中国画报出版社, 2012:1 - 5.

[127] 徐冠华. 中国企业目前难当创新主体[J]. 企业家天地,2007(3) : 16 - 17.

[128] 徐慧. 欧盟"地平线 2020 计划"及对我国"2011 计划"的启示[D]. 杭州:浙江大学硕士学位论文,2014.

[129] 许庆瑞,刘景江,赵晓庆. 技术创新的组合及其与组织、文化的集成[J]. 科研管理,2002(6):38 - 44.

[130] 许庆瑞,朱凌,王方瑞. 海尔的创新型文化场[J]. 科研管理,2005(2):17 - 22.

[131] 亚当·斯密. 国富论[M]. 唐日松,等,译. 北京:华夏出版社,2005 :257.

[132] 阎莉. 日本技术创新政策制定的理论依据及其政策手段选择[J]. 日本研究,2000(4):24 - 30.

[133] 杨东,李垣. 公司企业家精神、战略联盟对创新的影响研究[J]. 科学学研究,2008(10)114 - 117.

[134] 杨红燕,陈光. 企业家技术创新主体现状分析[J]. 科学学与科学技术管理, 2003 (9) : 52 - 54.

[135] 杨蕙馨,刘明宇. 技术对企业文化的选择[J]. 中国工业经济,2001(5):39 - 42.

[136] 杨小凯,张永生. 新兴古典经济学与超边际分析[M]. 北京:社会科学文献出版社,2003:10.

[137] 杨勇,达庆利,周勤.公司治理对企业技术创新投资影响的实证研究[J].创新管理,2007(11):61－65.

[138] 于金葵.技术创新主体探讨[J].商场现代化,2008(4):136－137.

[139] 袁志刚,宋铮.高级宏观经济学[M].上海:复旦大学出版社,2001:463.

[140] 张钢.从创新主体到创新政策:一个基于全过程的观点[J].自然辩证法通讯,1995(6):27－34.

[141] 张钢,许庆端.文化类型、组织结构与企业技术创新[J].科研管理,1996(9):26－31.

[142] 张培刚,金履忠.科技部中国科技促进发展研究中心[R].调研报告,1998(19).

[143] 张铁男,陈娟.我国科技资源共享的制约因素及解决对策[J].学术交流,2010(7):131－134.

[144] 张伟,马慧敏.对我国技术创新主体的探讨[J].科学管理研究,1996(3):30－32.

[145] 张艳华.制造业 R&D 投资的经济效果研究[J].中国科技信息,2006(5):175.

[146] 张义芳.我国企业成为技术创新主体了吗[J].中国科技论坛,2006(4):11－15.

[147] 张永谦,郭强.技术创新的理论与政策[M].广州:中山大学出版社,1999:103－106.

[148] 赵金鹏.中国汽车工业技术创新研究[D]:[博士学位论文].武汉:华中科技大学,2005.

[149] 赵克,朱新轩.论技术创新主体的转换[J].科学管理研究,1996(4):5－9.

[150] 赵林峰,周翔,杜宇,谭荔丹.企业技术创新能力的 DEA 综合评价[J].科学管理研究,2007(6):49－52.

[151] 郑刚.全面协同创新:迈向创新型企业之路[M].北京:科学出版社,2006:20－21.

[152] 郑江淮.企业家行为的制度分析[M].北京:人民出版社,2004.

[153] 郑文力.论技术创新与企业文化构建[J].技术经济,2005(1):43－45.

[154] 中华人民共和国国家知识产权局.欧盟创新"创新政策".http://www.si-

po. gov. cn/mtjj/

[155] 中华人民共和国教育部网站. http://www. moe. edu. cn/s78/A16/s8213/
A16_gggs/201304/t20130411_169077. html

[156] 中华人民共和国科学技术部. 科技统计资料汇编 2009. http://www. sts.
org. cn/zlhb/zlhb2009. htm.

[157] 中华人民共和国科学技术部网站. www. most. gov. cn/kjtj.

[158] 中华人民共和国驻欧盟使团网站. http://www. chinamission. be/chn/
kjhz/kjjl/t1308127. htm

[159] 周佩,章道云,姚世斌. 协同创新与企业多元互动研究[J]. 管理世界 2013
(8):180 - 182.

[160] 周亚虹,许玲丽. 民营企业 R&D 投入对企业业绩的影响——对浙江省桐
乡市民营企业的实证研究[J]. 财经研究,2007,33(7):102 - 112.

[161] 周元,王海燕. 关于我国创新体系研究的几个问题[J]. 中国软科学,2006
(10):15 - 19.

[162] 朱静. 美日韩三国技术创新模式[J]. 亚太经济,2001(3).

[163] 朱平芳,徐伟民. 政府的科技激励政策对大中型工业企业 R&D 投入及其
专利产出的影响——上海市的实证研究[J]. 经济研究,2003(06):45 - 53.

[164] 主体 — 百度百科[EB/OL]. http://baike. baidu. com/view/159998. htm

英文参考文献：

[1]　A. B. Jaffe. Technological Opportunity and Spillovers of R&D: Evidence from Firm's Patents, Profits, and Market Value [J]. The American Economic Review,1986,76(5): 984 – 1001

[2]　Abernathy W J,Otterback J M. Patterns of Innovation in Industry[J]. Technology Review,1978,80(7):40 – 47.

[3]　Aes. Z. J,Audretsch D B. Innovation and Small Firms[J]. Massachusetts London : The MIT Press Cambridge,1990:60

[4]　Ahmed,P. K. Culture and climate for innovation[J]. European Journal of Innovation Management,1998,1(1):30 – 43.

[5]　Alan L. Frohman. Building a Culture for Innovation[J]. Research Technology Management, 1998(41):9 – 12.

[6]　Alexander Kaufmann,Franz Todtling. Technology transfer from universities and research laboratories[J]. technology Forecasting and Social Change, 2001(37),251 – 266.

[7]　Anthony Billing,Yitzhak Fried. The affects of taxes and organizational variable on research and development intensity[J]. R&D Management, 1999 (29):3.

[8]　B. H. Hall, J. Mariesse. Exploring the Relationship between R&D and Productivity in French Manufacturing Firms[J]. Journal of Econometrics,1995, 65:263 – 293.

[9]　Banker R D,Charnes A,Cooper W W. Some Models for Estimating Technological and Scale Inefficiencies in Data Envelopment Analysis[J]. Management Science,1984,30(9):1078 – 1092.

[10]　Burgelman R. A. &Madigue M. A,Wheel Wright S. C,Strategic Management of Technological and Innovation, New York: John Wiley, 1995: 33 –65

[11]　Burns, Stalker. The management of innovation[M]. London: Tavistock Publication,1961.

[12]　C Freeman. The Economics of Industrial Innovation （2nded） [M].

172

Cambridge,The MIT Press,1982:89 - 90.

[13] Carter C. Reasons for not Innovating London : Heinemann Publishing House. 1981.

[14] Claver, E. Liopis, J. Garcia, Organizational culture for innovation and new technological behavior[J]. The Journal of High Technology Management Research, 1998, 9(1): 55 - 68.

[15] Coombs WT. Teaching the crisis management/communication course[J]. Public Relations Review,2001,(27):89 - 101.

[16] D. Harhoff. R&D and Productivity in German Manufacturing Firms [J]. Economies of Innovation and New Technology,1998,6:29 - 49

[17] Damanpour. Organizational Complexity and Innovation: Developing and Testing Multiple Contingency Models[J]. Management Science, 1996, 5 (42):693 - 717.

[18] Damanpour. Organizational Innovation: A Meta-analysis of Effects of Determinants and Moderators[J]. Academy of Management Journal, 1991, 3 (34):555 - 590.

[19] David J. Ketchen,JR. Strategic Enterpreneurship Collaborative Innovation, and Wealth Creation[J]. Strategic Enterpreneurship Journal,2007(1) : 371 - 385.

[20] Don E. Kash,Robert W. Rycroft. Technology Policy: Fitting Concept with Reality[J]. Technological Forecasting and Social Change,1994 (47): P35 - 48.

[21] Dosi and R. Nelson. An Introduction to Evolutionary Theories in Economies[J]. Journal of Evolutionary Economics, 1994,(4):33 - 42

[22] Gebence,Johnson. Innovation in Equity Trading Systems: The Impact on Transactions Costs and Cost of Capital[J]. Technological Innovation and Economic Performance, 1992 (37):224 - 230.

[23] George J. Avlonitisa, Helen E. Salavou. Entrepreneurial Orientation of SMEs, Product Innovativeness, and Performance[J]. Journal of Business Research, 2007(6): 135 - 249.

[24] Hekkert, M. P. Sours, Negro, Ku-hlmann, Smites. Functions of Innovation Systems: A New Approach for Analyzing Technological Change[J]. Technological Forecasting & Social Change,2007(74):413－432.

[25] Howells J. Intermediation and the Role of Intermediaries in Innovation[J]. Research Policy,2006(35):715－728.

[26] Hu M C,J A Mathews. China's National innovative Capacity[J]. Research Policy,2008,37(9):1465－1479.

[27] Jose Molero,Antonio Garcia. The Innovative Activity of Foreign Subsidiaries in the Spanish Innovation System: An Evaluation of Their Impact from a Sectoral Taxonomy Approach [J]. Technovation, 2008 (28): 739－757.

[28] Joseph Z. Shyu,Yi-Chia Chiu,Chao-Chen You. A Cross-national Comparative Analysis of Innovation Policy in the Integrated Circuit Industry[J]. Technology in Society, 2001(23):227－240.

[29] Kamien,Schwartz. Market Structure and Innovation [M]. Cambridge: Cambridge University Press,1982:117－118.

[30] Kostova T,Roth K. Social Capital in Multinational Corporations and a Micro-macro Model of Its Formation[J]. Academy of Management Review, 2003,28(2):297－317.

[31] LeeC. Y . A New Perspective on Industry R&D and Market Structure[J]. The Journal of Industrial Economics, 2005(11):101－122.

[32] Leonard-Barton Dorothy Core Capabilities and Core Rigidities:A Paradox in Managing New Product Development,1992.

[33] Mansfield E. Industrial Research and Ethnological Innovation [M]. New York : W. W. Norton,1968.

[34] Ming feng Tang,Caroline Hussler. Betting on Indigenous Innovation or Relying on FDI: The Chinese Strategy for Catching-up[J]. Technology in Society,2011,33(1/2):23－35.

[35] Mumford,Gustafson. Creativity Syndrome: Integration, Application, and Innovation[J]. Psychological Bulletin,1988,103(1):27－43.

[36] Penrose,EdithT. The theory of Growth of the Firm[M]. Basil Blackwell Publisher, Oxford. 1959:8 - 25.

[37] Prahalad,C. K. &Gary Hamel. The Core Competence of the Corporation [J]. Harvard Business Review,May-june,1990,68(3):78.

[38] Rogers,Bosworth . Research and Rnduct Innovation in Australian Manufacturing Induetriea. Journal of Industrial Economies,2001,27(1):1 - 12.

[39] Rothwell and Zegveld, Industrial Innovation and Public Police,Preparing for the 1980s and the 1990s,Frances Pinter,1992:61 - 67.

[40] S. Khazanchi, M. W. Lewis, K. K. Boyer. Innovation-supportive culture: The impact of organizational values on process innovation[J]. Journal of Operations Management, 2007 :871 - 884.

[41] Scherer F M. Firmize,Market Structure,Opportunity and the Output of Patented Inventions[J]. American Economic Review,1965:55.

[42] Scherer. Demand Pull and Technological Innovation: Schomookler Revised [J]. Journal of Industrial Economics, 1982, 30(3): 225 - 237.

[43] Sheldon A. Buckler. The Spiritual Nature of Innovation[J]. Technology Management, 1998(4):43 - 47.

[44] Shim,Lee. The Challenge of Fifth generation R&D[J]. Research Technology Management,1995(39):33 - 41.

[45] R. W. Shephard. Theory of Cost and Production Functions. New Jersey: Princeton University Press, 1970.

[46] Stephen Martin,John T. Scott. The Nature of Innovation Market Failure and the Design of Public Support for Private Innovation[J]. Research Policy,2000 (29):437 - 447.

[47] Sunyang Chung, Gunter Lay. Technology Policy between Diversity and One Bestpractice-Acomparison of Korean and German Promotion Schemes for New Productiontechnologies[J]. Technovation, 1997(17): 675 - 693.

[48] Wright PM & Snell5A. Toward an Integrative View of Strategic Human Resource Management: Human Resource Management Review, 1991(1): 203 - 225.

[49] Z. Griliches. Productivity, R&D, and Basic Research at the Firm Level in the 1970's [J]. The American Economic Review, 1986, 76 (l): 141 - 154.

[50] Zoltan J. Acs, Randall K. Morck, Bernard Yeung. Entrepreneurship, globalization, and Public Policy [J]. Journal of International Management, 2001(7): 235 - 251.

后　记

本书内容来自于笔者负责的南京市软科学研究计划项目的主要研究成果。在项目立项和研究过程中得到了许多评审专家、同行评议人和有关管理人员的悉心指导和无私帮助，在此谨向他们表示衷心的感谢！

本书是在南京市软科学研究计划项目研究报告的基础上修改、完善而成的。由衷感谢项目组成员范金教授、丁茗副教授、袁小慧博士、陈玉山博士、韩露露老师对研究项目申报和完成，以及本书撰写给予的大力支持和帮助。

在本书的出版过程中得到了东南大学出版社领导和同志们的大力支持，特别是得到孙松茜编辑的鼎力相助，正是她的辛勤工作和敬业精神，本书才能得以如期出版。在此表示衷心的感谢！

在本书的写作过程中，笔者参考了大量的国内外同行的相关研究成果，从中得到了许多启示和帮助，在此也向这些成果的完成者们表示深深的敬意和谢意！

由于本书研究的内容所涉及的知识丰富而又复杂，而笔者的学识与经验有限，所以本书的观点和数据在系统性上难免会存在不妥和不足之处，恳请同行专家学者和广大读者批评指正。

赵　彤

2015 年 11 月